pasta, pizza et risotto

pasta, pizza et risotto

EDITIONS ATLAS

Édité par :
Éditions Glénat

Services éditoriaux et commerciaux :
Éditions Glénat – 31-33, rue Ernest Renan
92130 Issy-les-Moulineaux

Cet ouvrage est une édition partielle des encyclopédies « La délicieuse cuisine d'Alice » et « Pains, gâteaux et viennoiserie » publiées par les Éditions Atlas.

Crédits photographiques :
Couverture : Roulier Turiot/Sucré Salé
Intérieur :
B. Caharel/Côté Vues/Atlas : p.66-67. Belem/Option photo : p. 12-13, 18-19, 36-37, 70-71, 74-75, 162-163. B. Felgeirolles : p. 52-53. C. Adam/TOP : p. 56-57, 60-61. C. Cattant / Atlas : p. 12-13, 18-19, 20-21, 36-37, 44-45, 64-65, 70-71, 74-75, 162-163. Cloutier Communication/La photothèque culinaire : p. 44-45. D. Azambre/Option Photo : p. 16-17, 52-53, 68-69. Éditions Consulaires : p. 154-155. Éditions Consulaires/F. Bellahsen/D. Rouche : p. 10-11, 14-15, 22-23, 34-35, 40-41, 48-49, 54-55, 76-77, 152-153, 158-159, 166-173. F. Bertram/La photothèque culinaire : p. 72-73, 164-165. F. Bouillard/Top : p. 46-47. Francis Waldman : p. 82-85, 88-91, 96-105, 110-111, 118-119, 124-125, 130-135, 140-141, 144-145, 148-149. Food centrale/La photothèque culinaire : p. 32-33. J.-B. Hall / Sucré Salé : 64-65. J.-C. Riou/Côté Vues/Atlas : p. 26-27, 160-161. J.-D. Sudre/TOP : p. 156-157. J.-F. Rivière/TOP : p. 58-59, 62-63. J.-P. Dieterlen/M. Stock/La photothèque culinaire : p. 38-39. La Photothèque culinaire : p. 30-31, 50-51. Philippe Barret : p. 80-81, 86-87, 92-95, 106-109, 112-117, 120-123, 126-129, 134-139, 142-143, 146-147. P. Hussenot / Photocuisine / Corbis : p. 8. Studio Moretto : p. 20-21. Studio F&J/Atlas : p. 24-25, 28-29, 42-43, 56-57. Y. Bagros / photocuisine / Corbis : p. 78, 150.

Imprimé en Italie par
Eurografica – Via del progresso, 125
36035 Marano - Vicenza
Achevé d'imprimer : janvier 2007
Dépôt légal : janvier 2007
ISBN : 978-2-7234-5879-5

Introduction

Tous les plats incontournables de la péninsule italienne sont rassemblés dans ce titre de la collection *Les bonnes saveurs*. Lasagnes aux épinards, penne aux olives et salami, trenette al pesto, pizza à la florentine, pizza calabraise, risotto aux asperges vertes : autant de recettes simples et savoureuses à déguster entre amis ou en famille. Pour chaque plat sont indiqués les temps de préparation, de cuisson, le niveau de difficulté, le coût, et de précieux conseils pour la préparation ou l'accompagnement. On ne se lasse pas des recettes parfumées et ensoleillées de la cuisine italienne !

L'éditeur

Sommaire

Pasta

Préparation : 1 heure | Repos : aucun | Cuisson : 45 minutes | Réalisation : assez facile | Coût : assez cher

Cannelloni *de brandade*

› POUR L'ACCOMPAGNER

Servez une poêlée de tomate concassée et d'ail revenus à l'huile d'olive ou un coulis de tomate au basilic.

› TOUR DE MAIN

Rincez les pâtes à l'eau fraîche après cuisson pour éliminer l'amidon qui les collerait et réservez-les debout dans la passoire.
Ne laissez pas la brandade trop longtemps au congélateur : elle doit être gelée à l'extérieur mais non complètement à l'intérieur.

1 Préparez la brandade. Faites cuire à l'eau bouillante la pomme de terre dans sa peau (20 minutes). Entre-temps, portez à ébullition 30 cl de crème fleurette avec 1 gousse d'ail épluchée, 1 feuille de laurier et 1 brin de thym. Laissez mijoter 5 minutes puis faites-y pocher 5 minutes environ la morue dessalée.

2 Effeuillez la morue et mettez-la avec la pomme de terre pelée et coupée en morceaux, la gousse d'ail cuite et 3 gousses épluchées et dégermées. Passez au mixeur en incorporant peu à peu 5 cl d'huile d'olive et le jus d'un demi-citron. Salez, poivrez.

3 Étalez une feuille de film alimentaire sur le plan de travail. À l'aide d'une poche et d'une grosse douille unie, déposez un boudin de brandade sur la feuille. Roulez avec précaution le boudin dans le film et réservez au congélateur.

4 Faites cuire les 12 cannelloni à l'eau bouillante salée et additionnée d'huile d'olive en les gardant légèrement sous-cuits. Égouttez-les et laissez-les refroidir.

5 Préparez la farce à l'anchois. Mixez la chair de sandre avec un demi-blanc d'œuf et 2 cl de crème double. Ajoutez 1 cuillerée à soupe de noilly et le jus d'un demi- citron. Hachez 1 cuillerée à café de câpres et 2 anchois et incorporez-les à la farce.

6 Enlevez le film du boudin de brandade et taillez 12 tronçons de 1 cm de moins que la longueur des cannelloni. Insérez un tronçon de brandade dans chaque cannelloni et garnissez les extrémités de farce à l'anchois. Faites pocher 3 à 4 minutes à l'eau bouillante ou terminez la cuisson des cannelloni à la vapeur pour préserver la farce.

Un raffinement extrême pour une préparation digne d'un jour de fête.

› Ingrédients
(pour 4 personnes)

- ✓ 12 petits tubes à cannelloni
- ✓ 500 g de morue dessalée
- ✓ 40 g de filet de sandre
- ✓ 1 pomme de terre
- ✓ 2 anchois
- ✓ 4 gousses d'ail
- ✓ 1 citron
- ✓ 30 cl de crème fleurette
- ✓ 2 cl de crème double
- ✓ 1 feuille de laurier
- ✓ 1 branche de thym
- ✓ 5 cl d'huile d'olive
- ✓ 1/2 blanc d'œuf
- ✓ 1 cuillère à café de câpres
- ✓ noilly prat
- ✓ sel, poivre

›VIN CONSEILLÉ

Un bandol rosé ou un rosé de Provence.

Farfalle du pêcheur à l'oseille

›CONSEIL

Équeutez l'oseille en tirant de bas en haut pour supprimer la tige (procédez comme pour les épinards).

›TOUR DE MAIN

Réduire un liquide à glace signifie le faire bouillir sur feu vif jusqu'à ce qu'il soit entièrement évaporé et qu'il ne subsiste qu'un fond de cuisson sirupeux et brillant. Surveillez attentivement pour que l'échalote ne brûle pas au fond de la casserole !

1 Supprimez la peau et ôtez les arêtes du lieu fumé. Taillez le poisson en languettes. Arrosez-les avec le jus d'1/2 citron. Réservez au frais. Pelez et hachez finement 2 échalotes. Lavez et équeutez l'oseille.
Roulez les feuilles sur elles-mêmes et émincez-les.

2 Dans une grande casserole, faites chauffer 3 litres d'eau salée. À l'ébullition, jetez-y 250 g de farfalle. Laissez-les cuire à gros bouillons jusqu'à ce qu'elles soient *al dente* (environ 10 minutes). Égouttez-les. Remettez-les dans la casserole avec 40 g de beurre en parcelles. Mélangez délicatement et maintenez au chaud.

3 Préparez la crème à l'oseille : délayez 2 cuillerées à soupe de fumet de poisson déshydraté dans 15 cl de vin blanc sec. Versez le mélange dans une casserole. Ajoutez les échalotes hachées. Portez à ébullition en fouettant et laissez réduire à glace sur feu vif. Versez alors 40 cl de crème liquide, baissez le feu et faites chauffer en remuant. Salez, poivrez. À l'ébullition, incorporez l'oseille émincée. Mélangez soigneusement et retirez du feu.

4 Répartissez la crème à l'oseille au fond de 4 assiettes creuses. Ajoutez les farfalle et les languettes de lieu. Poivrez légèrement et servez aussitôt.

›VARIANTE

À défaut de lieu fumé, délicieux mais parfois difficile à trouver, procurez-vous des filets de flétan ou de truite fumée. En fin de cuisson, on peut aussi verser la crème à l'oseille directement sur les farfalle et mélanger le tout.

Une sauce crémeuse et acidulée accompagne ces pâtes au poisson fumé.

› Ingrédients
(pour 4 personnes)

- ✓ 250 g de farfalle
- ✓ 1 filet de lieu fumé (500 g)
- ✓ 100 g d'oseille fraîche
- ✓ 2 échalotes
- ✓ 1/2 citron
- ✓ 40 g de beurre
- ✓ 40 cl de crème liquide
- ✓ 15 cl de vin blanc sec
- ✓ 2 cuillères à soupe de fumet de poisson déshydraté
- ✓ sel, poivre

›VIN CONSEILLÉ

Un vin blanc sec et nerveux (sancerre ou entre-deux-mers).

Préparation : 1 heure | *Repos : 2 heures* | *Cuisson : 15 minutes* | *Réalisation : assez facile* | *Coût : bon marché*

Farfalle jaunes et verts
aux champignons

›CONSEIL

Pour les pâtes vertes, il est essentiel de presser les épinards dans un torchon pour exprimer leur eau et préserver ainsi la tenue de la pâte. Laissez toujours reposer au frais avant d'abaisser la pâte, l'idéal étant de la préparer la veille et de la maintenir à couvert une nuit au réfrigérateur.

›ASTUCE

Avant toute autre opération, faites dégorger l'aubergine 2 heures dans du sel, sa consistance se prêtera mieux à la cuisson.

1 Équeutez 1 poignée de feuilles d'épinards et lavez-les. Faites-les blanchir à l'eau bouillante salée, égouttez-les et pressez-les. Passez au mixeur les épinards, 1 œuf et 4 jaunes d'œuf.

2 Versez cette préparation, ainsi qu'1/2 cuillerée à soupe d'huile d'olive et 1/2 cuillerée à café de sel, au creux d'un puits ménagé au centre de 250 g de farine tamisée. Travaillez la pâte pendant au moins 10 minutes et laissez reposer pendant au moins 1 heure.

3 Faites un puits dans 250 g de farine tamisée et mettez 1 œuf et 4 jaunes avec 1 cuillerée à soupe d'huile d'olive et 1/2 cuillerée à café de sel. Travaillez comme pour la pâte verte. Laissez reposer 1 heure.

4 Abaissez les pâtes en fines bandes. Unissez les pâtes jaunes et les vertes par simple contact en humectant les deux bandes. Coupez-les en carrés de 5 cm de côté et pincez-les entre le pouce et l'index à la moitié de la longueur pour leur donner la forme d'un papillon.

5 Coupez 1 aubergine en dés et faites-les blanchir. Coupez 4 cèpes en dés. Épluchez et émincez 1 échalote. Pelez et coupez en dés 1 tomate. Faites revenir tous ces ingrédients dans une poêle avec un filet d'huile d'olive. Assaisonnez.

6 Hachez finement les feuilles de 2 branches de persil, d'1 branche de thym, ainsi que 4 feuilles de basilic. Faites cuire les papillons environ 5 minutes en les gardant al dente. Égouttez-les et versez-les dans la sauce avec les herbes et 20 g de beurre. Faire revenir quelques instants et servez très chaud.

Un plat de tradition italienne mêlant couleurs et saveurs essentielles.

Ingrédients
(pour 4 personnes)

- 4 cèpes
- 1 aubergine
- 1 tomate
- 1 poignée de feuilles d'épinards
- 1 échalote
- 2 œufs + 8 jaunes
- 500 g de farine de blé dur
- 20 g de beurre
- 2 branches de persil
- 1 branche de thym
- 4 feuilles de basilic
- huile d'olive, sel, poivre

VIN CONSEILLÉ

Un bardolino.

Préparation : 1 heure 15 | *Repos : aucun* | *Cuisson : 1 heure 20* | *Réalisation : assez facile* | *Coût : assez cher*

Fins cannelloni
de canard

›LE PLUS

Pour gagner du temps, achetez des cannelloni prêts à cuire. Inutile de les pocher, il suffit de les farcir et de les mettre à cuire directement sur le coulis.

›TOUR DE MAIN

Pochez les cannelloni dans l'eau bouillante salée, rafraîchissez-les puis égouttez-les. Étalez 2 cuillerées de farce au centre de chaque carré de pâte. Rabattez les pans l'un sur l'autre pour obtenir la forme d'un tuyau. Soudez à l'œuf battu à l'aide d'un pinceau. Dans le plat, retournez les cannelloni pour que la « jointure » ne se voie pas.

1 Pelez 2 échalotes, 1 carotte et 2 navets. Taillez-les en petits dés. Faites-les revenir sur feu doux avec 2 cuillerées à soupe d'huile. Dès qu'ils commencent à colorer, posez à leur place les filets de canard côté peau contre le fond de la cocotte. Laissez-les griller 5 minutes sur chaque face puis retirez-les.

2 Dégraissez la cocotte. Remettez les filets de canard. Ajoutez les dés de légumes, salez, poivrez. Versez 10 cl de vin blanc. Laissez réduire 5 minutes puis ajoutez 25 cl de bouillon de volaille. Portez à ébullition sur feu doux. Complétez avec le bouquet garni, couvrez et laissez mijoter pendant 45 minutes.

3 Une fois qu'ils sont cuits, posez les filets de canard sur une planche. Laissez-les tiédir. Filtrez le jus de cuisson et faites-le bouillir sur feu vif jusqu'à ce qu'il soit réduit presque à sec.

4 Supprimez la peau des filets de canard. Taillez la chair en très petits morceaux. Mettez-la dans une jatte avec 6 cuillerées à soupe de chapelure, 1 cuillerée à soupe de ciboulette et 1 cuillerée à soupe de persil hachés, 1 cuillerée à soupe de crème fraîche et un œuf. Incorporez le jus de cuisson réduit. Salez, poivrez et mélangez bien.

5 Préchauffez votre four à 180°C (thermostat 6). Faites cuire les 12 cannelloni à l'eau bouillante salée environ 3 minutes. Garnissez-les de farce.

6 Alignez les cannelloni dans un plat à gratin garni de coulis de tomate. Nappez-les de 2 cuillerées à soupe de crème fraîche. Couvrez d'aluminium et faites cuire 25 minutes au four, puis parsemez de parmesan râpé et laissez gratiner 10 minutes.

Succès garanti pour ces pâtes gratinées à la farce gourmande.

Ingrédients
(pour 4 personnes)

- 4 filets de canard
- 12 cannelloni frais
- 2 échalotes
- 1 carotte
- 1 navet
- 10 cl de vin blanc sec
- 25 cl de bouillon de volaille
- 350 g de coulis de tomate
- 6 cuillères à soupe de chapelure
- 1 œuf + 1 pour les pâtes
- 40 g de parmesan râpé
- 3 cuillères à soupe de crème fraîche
- 1 bouquet garni
- 1 cuillère à soupe de ciboulette hachée
- 1 cuillère à soupe de persil haché
- huile, sel, poivre

VIN CONSEILLÉ

Servez avec un vin rouge du Sud-ouest (buzet) ou de la région bordelaise (côtes-de-castillon).

Préparation : 40 minutes | Repos : aucun | Cuisson : 35 minutes | Réalisation : facile | Coût : assez cher

Fusilli *des bois*

› AU MARCHÉ

Achetez des fusilli tricolores (aux épinards, à la tomate et nature). À défaut de pâtes italiennes, utilisez des pâtes alsaciennes. Respectez bien les temps de cuisson (les pâtes alsaciennes cuisent deux fois plus vite).

› CONSEIL

Pour rendre la recette plus économique, remplacez la moitié des girolles par des champignons de Paris. Vous pouvez aussi utiliser un mélange sylvestre surgelé composé de bolets, pieds de mouton, chanterelles, trompettes et pleurotes.

1 Supprimez le pied terreux des girolles et nettoyez-les délicatement à l'aide d'une petite brosse et d'un linge humide. Coupez-les en deux si elles sont un peu grosses. Pelez et ciselez 2 échalotes et 1 gousse d'ail. Lavez et hachez le persil et la ciboulette.

2 Faites chauffer 2 cuillerées à soupe d'huile d'olive dans une poêle. Mettez-y les girolles et faites-les sauter sur feu moyen jusqu'à ce qu'elles aient rendu leur eau. Salez-les, poivrez-les. Versez 5 cl de vin blanc sec.

3 Une fois le vin évaporé, ajoutez les fines herbes (réservez 1 cuillerée de persil pour la finition), l'ail et les échalotes hachés. Mélangez bien et laissez cuire 10 minutes sur feu doux.

4 Portez à ébullition 3 litres d'eau additionnée d'1 belle cuillerée à soupe de gros sel et d'1 cuillerée à soupe d'huile d'olive. Jetez-y 300 g de fusilli. Laissez cuire à gros bouillons jusqu'à ce que les pâtes soient *al dente*. Égouttez-les et versez-les dans un plat creux. Ajoutez 25 g de beurre en parcelles. Mélangez bien.

5 Préchauffez votre four à 200°C (thermostat 6/7).

6 Versez la poêlée de girolles dans les pâtes. Mélangez délicatement. Répartissez les fusilli dans 4 petits plats à four beurrés. Arrosez-les de crème liquide (5 cl par plat). Faites cuire 10 minutes au four pour lier les saveurs. Au moment de servir, parsemez les fusilli de persil frais haché.

Ces pâtes torsadées feront le régal des amateurs de champignons !

› *Ingrédients*
(pour 4 personnes)

- ✓ *700 g de girolles*
- ✓ *300 g de fusilli sèches*
- ✓ *2 échalotes + 1 gousse d'ail*
- ✓ *20 cl de crème liquide*
- ✓ *5 cl de vin blanc sec*
- ✓ *1 bouquet de persil*
- ✓ *huile d'olive, beurre*
- ✓ *ciboulette, sel, poivre*

› VIN CONSEILLÉ

Un vin du Jura, rouge ou blanc (côtes-du-jura, arbois).

Préparation : 10 minutes | *Repos : aucun* | *Cuisson : 15 minutes* | *Réalisation : facile* | *Coût : bon marché*

Fusilli *Saint-Andrew*

›AU MARCHÉ

Utilisez si possible des tomates pelées en provenance d'Italie, elles sont en général bien plus savoureuses.

›CONSEIL

Faites dorer l'ail légèrement, quelques secondes seulement, mais ne le laissez surtout pas brunir, il prendrait un goût âcre et amer qui donnerait une saveur très désagréable à votre plat.

›TOUR DE MAIN

Les Italiens le savent bien, il ne faut pas se fier aux temps de cuisson indiqués sur les paquets de pâtes alimentaires : ils sont purement indicatifs. Ainsi, 3 minutes avant la fin théorique de la cuisson, goûtez les pâtes toutes les 30 secondes pour ne pas manquer le stade de cuisson idéal. De plus, n'oubliez pas d'ajouter un filet d'huile d'olive à l'eau de cuisson pour empêcher les pâtes de coller et ne les égouttez pas «à fond», l'eau de cuisson riche en amidon étant un excellent liant pour parfaire vos sauces.

1 Pelez les gousses d'ail, dégermez-les et émincez-les. Égouttez les tomates pelées, supprimez le pédoncule et coupez-les en petits dés. Ciselez la moitié des feuilles de basilic.

2 Faites chauffer 2 cuillerées à soupe d'huile dans une poêle sur feu moyen. Mettez-y l'ail et faites-le suer 30 secondes, puis ajoutez les dés de tomates pelées et le basilic ciselé. Assaisonnez de sel, poivre et d'une pincée de sucre. Laissez réduire jusqu'à ce que la poêle ne contienne plus de liquide. Stoppez la cuisson.

3 Faites cuire les pâtes *al dente* dans une grande quantité d'eau bouillante salée. Entre-temps, faites chauffer ensemble sans les faire bouillir 20 cl de crème liquide et 30 g de beurre. Salez et poivrez ce mélange.

4 Égouttez les pâtes. Versez-les dans un plat creux chauffé. Arrosez-les de crème brûlante, mélangez. Incorporez les dés de tomates, mélangez délicatement et décorez de feuilles de basilic entières. Servez aussitôt.

Une recette ensoleillée toute simple et rapide à préparer.

Ingrédients
(pour 4 personnes)

- ✓ 300 g de fusilli sèches
- ✓ 1 boîte (1/2) de tomates pelées
- ✓ 30 g de beurre
- ✓ 20 cl de crème liquide
- ✓ 2 gousses d'ail
- ✓ 1 bouquet de basilic
- ✓ 2 cuillères à soupe d'huile d'olive
- ✓ sucre, sel, poivre du moulin

VIN CONSEILLÉ

Servez un vin blanc ou rosé de Provence.

Préparation : 30 minutes | Repos : aucun | Cuisson : 55 minutes | Réalisation : assez facile | Coût : bon marché

Gnocchi *au pecorino*

›LES GNOCCHI

Spécialité du nord et du centre de l'Italie appréciée depuis le XVIIe siècle (ils étaient alors nommés ravioli !), ces portions de pâte pochées se préparent sous deux formes radicalement différentes. La première est celle de cette recette, à base de pommes de terre et de farine. La seconde entre dans la catégorie des pâtes alimentaires, car elle met en œuvre de la semoule de blé et de la ricotta, ainsi que des épinards pour les puristes.

›ASTUCE

Pour gagner du temps, pensez à utiliser des tomates pelées en conserve.

›AU MARCHÉ

Choisissez des pommes de terre à purée à la chair farineuse de type bintje. Le pecorino est un fromage au lait de brebis italien affiné pendant 4 mois, à la pâte pressée et cuite.

1 Préparez les gnocchi. Faites cuire les pommes de terre à l'eau environ 20 minutes. Pelez-les, coupez-les en gros morceaux et écrasez-les au moulin à légumes. Laissez tiédir.

2 Saupoudrez de 20 g de farine le plan de travail. Déposez la purée dessus et ajoutez 200 g de farine. Pétrissez bien l'ensemble jusqu'à obtention d'une pâte qui ne colle pas aux doigts.

3 Prenez des morceaux de pâte et roulez-les en boudins de l'épaisseur d'un doigt. Découpez-les en tronçons de 2 cm de long. Renouvelez l'opération jusqu'à épuisement de la pâte.

4 Préparez la sauce. Découpez la branche de céleri en petites lamelles. Épluchez la carotte et émincez-la. Pelez et émincez l'oignon et 2 gousses d'ail. Coupez les tomates en quartiers sans les peler. Faites cuire ces légumes à couvert environ 30 minutes dans une sauteuse huilée. Assaisonnez.

5 Portez à ébullition un grand volume d'eau salée et additionnée de quelques gouttes d'huile d'olive. Plongez-y les gnocchi et faites-les cuire environ 2 à 3 minutes, jusqu'à ce qu'ils remontent à la surface.

6 Passez la sauce au moulin à légumes. Réchauffez-la dans la sauteuse avec les gnocchi et quelques feuilles de thym. Mélangez délicatement et versez dans les assiettes. Saupoudrez de pecorino râpé et servez aussitôt.

Pour le plaisir des petits et des grands, préparez ces gnocchi gourmands !

Ingrédients
(pour 4 personnes)

- ✓ 1 kg de pommes de terre
- ✓ 700 g de tomates bien mûres
- ✓ 220 g de farine
- ✓ 1 carotte
- ✓ 1 branche de céleri
- ✓ 1 oignon
- ✓ 2 gousses d'ail
- ✓ 40 g de pecorino râpé
- ✓ 2 branches de thym
- ✓ huile d'olive, sel, poivre

VIN CONSEILLÉ

Un vin rouge italien ou du sud de la France.

Préparation : 30 minutes | *Repos : aucun* | *Cuisson : 30 minutes* | *Réalisation : facile* | *Coût : bon marché*

Gratin *au gouda*

›LE GOUDA

Fabriqué en Hollande, à Gouda, ce fromage à pâte tendre et onctueuse est l'un des plus connus dans le monde (et aussi l'un des plus imités !). Selon son affinage, sa texture et son goût évoluent sensiblement. Jeune, il est d'une saveur douce. Vieux, il devient sec et corsé. Mieux vaut alors le réserver à la dégustation.

›AU MARCHÉ

Riche en œufs frais, les pâtes d'Alsace ont l'avantage d'être peu chères et de cuire plus vite que les pâtes italiennes. Pour ce gratin, achetez de préférence des papillons ou des torsades.

›VARIANTE

Complétez la garniture avec 100 g d'épinards cuits. Vous pouvez aussi ajouter 25 g de raisins secs blonds : le mélange « sucré-salé-fumé » est délicieux !

1 Faites cuire les pâtes à l'eau salée (5 à 8 minutes selon la variété choisie). Égouttez-les et transvasez-les dans un plat à gratin beurré (15 g). Ajoutez 15 g de beurre en parcelles. Assaisonnez avec les épices : 1 pincée de graines de carvi et d'anis, 1 de cannelle en poudre, de gingembre, de muscade et enfin 1 de girofle. Poivrez. Mélangez bien.

2 Préchauffez votre four à 200°C (thermostat 6/7).

3 Coupez le gouda en fines lamelles. Retirez le gras du jambon, roulez les tranches sur elles-mêmes et taillez-les en fines lanières.

4 Pelez 1 gousse d'ail, écrasez-la de la lame d'un couteau. Faites fondre 25 g de beurre dans une petite casserole. Ajoutez l'ail. Laissez rissoler 5 minutes sur feu doux jusqu'à ce que le beurre soit noisette et l'ail doré.

5 Parsemez les pâtes de lanières de jambon. Filtrez le beurre d'ail à travers une petite passoire. Versez-le sur les pâtes. Ajoutez 15 cl de crème liquide. Recouvrez de lamelles de gouda.

6 Glissez le plat dans le four. Laissez cuire environ 30 minutes jusqu'à ce que le dessus du gratin soit bien doré. Servez très chaud.

Sous sa belle croûte dorée, ce gratin exhale un doux parfum d'épices !

Ingrédients
(pour 4 personnes)

- 250 g de pâtes d'Alsace
- 150 g de gouda
- 2 tranches de jambon fumé
- 1 gousse d'ail
- 55 g de beurre
- 15 cl de crème liquide
- 1 pincée de graines de carvi
- 1 pincée de graines d'anis
- 1 pincée de cannelle en poudre
- 1 pincée de gingembre en poudre
- 1 pincée de noix de muscade en poudre
- 1 pincée de clou de girofle en poudre
- sel, poivre

VIN CONSEILLÉ

Servez un vin blanc d'Alsace (riesling ou edelzwicker).

Préparation : 25 minutes | *Repos : aucun* | *Cuisson : 45 minutes* | *Réalisation : facile* | *Coût : bon marché*

Gratin de macaroni *aux pieds bleus*

›LE PIED BLEU

Il tire son nom de sa curieuse couleur violacée. Il fait partie des champignons cultivés que l'on trouve couramment sur les étals. Doté d'un large chapeau, il se coupe en morceaux ou en lamelles. Sa chair tendre possède une saveur fine et épicée.

›CONSEIL

Pour ce gratin familial, inutile de courir les traiteurs italiens : achetez des pâtes aux œufs alsaciennes à cuisson rapide.

›VARIANTE

Pleurotes ou gros champignons de Paris conviennent très bien pour cette recette. Vous pouvez aussi composer un mélange de plusieurs variétés.

1 Lavez 1 poireau et taillez-le en tronçons de 2 cm. Faites-les blanchir 5 minutes à l'eau bouillante salée. Égouttez-les. Taillez la tranche de jambon en petits dés réguliers. Réservez.

2 Nettoyez les pieds bleus en les rinçant rapidement sous l'eau. Essuyez-les avec du papier absorbant. Coupez-les en morceaux. Faites chauffer 15 g de beurre et 1 cuillerée à soupe d'huile dans une grande poêle. Mettez-y les champignons et salez-les. Faites-les cuire 5 minutes à couvert jusqu'à ce qu'ils aient rendu leur eau. Ôtez le couvercle et laissez-les dorer 5 minutes sur feu doux. Poivrez et réservez.

3 Préchauffez votre four à 200°C (thermostat 6/7).

4 Faites chauffer 2 litres et demi d'eau additionnée d'1 cuillerée à soupe de gros sel et d'1 cuillerée à soupe d'huile. À ébullition, jetez-y 250 g de macaroni. Faites-les cuire *al dente*. Égouttez-les et versez-les dans un plat à gratin beurré. Ajoutez-y 15 g de beurre et 20 cl de crème liquide. Mélangez bien.

5 Ajoutez les pieds bleus, le poireau blanchi et les dés de jambon. Assaisonnez d'1 pincée de noix de muscade. Mélangez soigneusement. Parsemez la surface de 75 g de gruyère râpé. Glissez-le dans le four et laissez gratiner 15 à 20 minutes, jusqu'à ce que le dessus soit bien doré.

Grand favori des enfants, ce gratin se sert en plat unique !

Ingrédients (pour 4 personnes)

- 500 g de pieds bleus
- 250 g de macaroni
- 1 tranche épaisse de jambon blanc
- 1 poireau
- 75 g de gruyère râpé
- 20 cl de crème liquide
- beurre, huile
- muscade, gros sel, sel fin, poivre

VIN CONSEILLÉ

Un vin rouge du Bordelais (lussac-saint-émilion ou côtes-de-bourg).

Préparation : 1 heure | Repos : aucun | Cuisson : 1 heure 40 | Réalisation : facile | Coût : bon marché

Lasagnes aux épinards

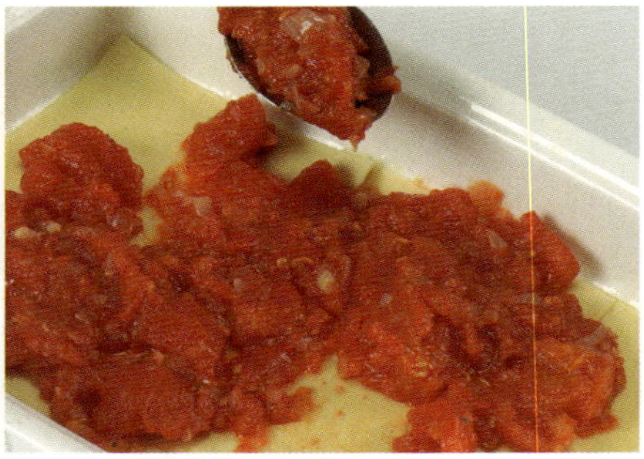

›CONSEIL

Vous pourrez préparer ce plat jusqu'à 24 h à l'avance. Le lendemain, ramenez-le à température ambiante avant de l'enfourner.

1 Hachez les feuilles de 6 branches de persil. Épluchez et hachez finement 1 oignon et 4 gousses d'ail. Égouttez les tomates et coupez-les en dés. Faites chauffer 2 cuillerées à soupe d'huile d'olive et faites-y suer l'oignon et la moitié de l'ail pendant environ 5 minutes. Ajoutez les tomates, 2 cuillerées à soupe d'huile d'olive et 1 pincée de sucre. Laissez mijoter 30 minutes.

2 Incorporez l'ail restant, 1 cuillerée à café de basilic, 1 cuillerée à café d'origan, 1/2 cuillerée à café de thym, du sel et du poivre. Laissez mijoter 30 minutes à nouveau puis incorporez 1 pincée de cannelle et rectifiez l'assaisonnement.

3 Équeutez les épinards, lavez les feuilles et faites-les tomber dans une petite quantité d'eau bouillante. Égouttez et pressez pour exprimer tout le liquide. Hachez-les. Incorporez aux épinards la ricotta, le persil haché, 50 g de parmesan et 2 œufs. Assaisonnez de sel, de poivre et de muscade.

4 Faites bouillir 75 cl de lait avec 1 feuille de laurier et 1 cuillerée à café de grains de poivre. Dans une autre casserole, faites fondre 60 g de beurre, ajoutez 45 g de farine et faites cuire 2 minutes. Laissez refroidir, puis ajoutez le lait filtré, faites épaissir et assaisonnez.

5 Faites cuire à l'eau les lasagnes *al dente*. Préchauffez votre four à 180°C (thermostat 6). Badigeonnez un moule à gratin d'huile d'olive. Garnissez-en le fond d'une couche de pâte. Étalez une couche de sauce tomate, puis une couche d'épinards et une de béchamel, et parsemez de parmesan.

6 Répétez les couches en terminant par une couche de pâte, de la sauce tomate et du parmesan. Parsemez de 30 g de chapelure et de quelques gouttes d'huile d'olive. Enfournez pour 40 minutes.

Un véritable équilibre de saveurs et de couleurs !

› *Ingrédients*
(pour 6 personnes)

- ✓ 900 g d'épinards
- ✓ 450 g de lasagnes
- ✓ 250 g de ricotta
- ✓ 150 g de parmesan râpé
- ✓ 4 boîtes de tomates pelées de 780 g
- ✓ 1 oignon
- ✓ 4 gousses d'ail
- ✓ 2 œufs
- ✓ 75 cl de lait
- ✓ 60 g de beurre
- ✓ 30 g de chapelure
- ✓ 2 cuillères à soupe de concentré de tomate
- ✓ farine, sucre, huile d'olive
- ✓ basilic et origan séchés
- ✓ thym, laurier, persil plat
- ✓ cannelle et muscade en poudre
- ✓ 1 cuillère à café de grains de poivre
- ✓ sel, poivre du moulin

›VIN CONSEILLÉ

Un valpolicella rouge.

Préparation : 30 minutes | Repos : aucun | Cuisson : 50 minutes | Réalisation : facile | Coût : assez cher

Lasagnes *aux fruits de mer*

›AU MARCHÉ

Le choix de coquillages est plus grand en hiver. Achetez-les vivants : les bivalves doivent être fermés, les gastéropodes doivent se rétracter quand on les touche. Ils ne doivent dégager aucune odeur désagréable. L'étiquette de salubrité qui figure obligatoirement sur l'emballage d'expédition vous permettra d'en vérifier l'origine et vous certifiera leur date de sortie de l'eau. Pour les conserver, placez-les dans un endroit frais et aéré (entre 5 et 15°) ou dans la partie basse du réfrigérateur, rangés avec soin (les bivalves doivent reposer sur leur coquille creuse).

›CONSEIL

Ne vous étonnez pas de la quantité de sauce que l'on utilise dans ce plat. En cuisant, les lasagnes absorbent beaucoup (et différemment en fonction des marques). Si vous utilisez des plaques de lasagnes sèches, faites-les précuire 2 minutes à l'eau bouillante avant de les utiliser, et prolongez la cuisson au four de 5 à 10 minutes.

1 Préchauffez votre four à 180°C (thermostat 6). Décortiquez les crevettes et coupez les poulpes en morceaux (2 à 3 centimètres). Râpez le parmesan frais. Nettoyez les moules et les coques en les grattant. Essuyez-les bien. Faites chauffer 4 cuillerées à soupe d'huile dans une marmite sur feu vif et versez-y les coquillages. Couvrez et remuez de temps en temps pendant la cuisson (environ 10 minutes, les coquillages doivent être tous ouverts). Sortez les mollusques de leurs coquilles et réservez.

2 Préparez la béchamel. Faites fondre 100 g de beurre dans une casserole avec une cuillerée à café de sel. Ajoutez 3 cuillerées à soupe rases de farine, mélangez bien et versez dessus, en une seule fois, le demi-litre de lait. Remuez sans arrêt jusqu'à épaississement. La béchamel doit être encore relativement liquide. Incorporez les 3 cuillerées de crème fraîche.

3 Beurrez un grand plat à gratin profond et rectangulaire. Versez au fond une mince couche de béchamel. Posez dessus 2 plaques de lasagnes, en les ayant au préalable rectifiées pour que, l'une à côté de l'autre, elles correspondent parfaitement à la taille du plat. Versez une couche de sauce tomate, répartissez les moules et recouvrez d'un ruban de béchamel. Parsemez de quelques pincées de parmesan et recouvrez d'une deuxième couche de lasagnes. Répétez la même opération une deuxième fois avec les noix de Saint-Jacques, puis une troisième fois avec les poulpes et les coques, et une dernière fois avec les crevettes. Terminez par une couche de lasagnes, nappez-la de béchamel et saupoudrez généreusement du reste de parmesan.

4 Couvrez d'aluminium et enfournez pour 40 minutes, puis retirez l'aluminium pour laisser le fromage gratiner durant 5 minutes. Laissez reposer un quart d'heure avant de servir.

Redécouvrez la fameuse lasagne «al forno» en la mitonnant version «marine».

› *Ingrédients*
(pour 4 personnes)

- ✓ 1 paquet et demi de lasagnes fraîches (10 petites plaques)
- ✓ sauce aux tomates fraîches
- ✓ 100 g de beurre
- ✓ 50 cl de lait
- ✓ 3 cuillères à soupe de crème fraîche
- ✓ 3 cuillères à soupe de farine
- ✓ 12 grosses moules
- ✓ 100 g de poulpes nettoyés
- ✓ 8 noix de saint-jacques
- ✓ 2 poignées de coques ou de praires
- ✓ 300 g de crevettes roses cuites
- ✓ 200 g de parmesan frais
- ✓ huile
- ✓ sel, poivre

›VIN CONSEILLÉ

C'est le moment de servir un bon chianti italien !

Préparation : 30 minutes | *Repos : aucun* | *Cuisson : 1 heure 15* | *Réalisation : facile* | *Coût : bon marché*

Lasagnes de légumes *au pecorino*

›CONSEIL

Le pecorino romano est un fromage de brebis d'Italie, produit depuis 2000 ans dans la campagne autour de Rome.
On en fabrique également dans d'autres régions, telles que le Latium, la Sardaigne et la Toscane. Il est préférable de l'acheter en morceaux et de le râper au fur et à mesure des besoins.

1 Épluchez et hachez finement l'oignon. Lavez et coupez les aubergines en tranches fines. Épluchez les haricots verts et coupez-les en morceaux de 3 cm de longueur. Lavez et émincez les champignons. Pelez et coupez en dés les tomates. Râpez finement le pecorino. Dénoyautez les olives et émincez-les.

2 Faites chauffer 25 cl de lait avec une gousse d'ail épluchée et écrasée, 3 brins de thym frais et 1 feuille de laurier. Faites fondre 20 g de beurre dans une casserole sur feu doux. Ajoutez 20 g de farine, mélangez et laissez cuire 1 minute sans prendre de coloration. Filtrez le lait et versez-le dans la casserole en une seule fois. Faites épaissir sur un feu doux en remuant continuellement. Lorsque la béchamel a épaissi, retirez du feu et ajoutez un tiers du pecorino. Salez et poivrez.

3 Dans une sauteuse, faites fondre l'oignon haché avec 1 cuillerée à soupe d'huile d'olive à feu moyen. Ajoutez les aubergines, les champignons et les haricots verts. Faites revenir 5 minutes, puis ajoutez 3 cuillerées à soupe d'eau. Couvrez et laissez cuire 10 minutes. Ajoutez les tomates aux légumes et laissez cuire 5 minutes de plus. Salez, poivrez et ajoutez les olives. Préchauffez le four à 210°C (thermostat 7).

4 Dans un plat huilé, étalez une couche de lasagnes, puis une couche de légumes. Versez de la béchamel et saupoudrez de pecorino. Répétez l'opération jusqu'à ce qu'il ne reste plus de légumes et terminez avec une couche de lasagnes et de béchamel. Saupoudrez de pecorino. Faites cuire pendant 40 minutes au four.

Une variation fondante de la célèbre lasagne «al forno».

› Ingrédients
(pour 4 personnes)

- ✓ 250 g de pecorino
- ✓ 200 g de lasagnes précuites
- ✓ 2 petites aubergines
- ✓ 200 g de haricots verts
- ✓ 6 tomates
- ✓ 300 g de champignons de Paris
- ✓ 1 oignon
- ✓ 10 olives noires
- ✓ 25 cl de lait
- ✓ 20 g de beurre
- ✓ 20 g de farine
- ✓ 1 gousse d'ail
- ✓ 3 brins de thym
- ✓ 1 feuille de laurier
- ✓ huile d'olive
- ✓ sel, poivre

›VIN CONSEILLÉ

Servez de préférence un chianti ou un fiano-di-avellino.

Préparation : 20 minutes | *Repos : aucun* | *Cuisson : 20 minutes* | *Réalisation : facile* | *Coût : bon marché*

Lasagnettes *aux légumes croquants*

›CONSEIL

Vous pouvez arroser les millefeuilles d'un filet d'huile d'olive et les saupoudrer de parmesan. Passez-les ensuite quelques minutes sous le gril, ce qui permettra de les réchauffer légèrement s'ils ont tiédi lors du montage.

›LE PLUS

Cette recette est une excellente base pour faire jouer votre imagination. Variez les légumes, remplacez-les par un reste de ragoût de viande, par une poêlée de champignons des bois à la crème, etc.

1 Lavez et coupez en petits dés les courgettes, l'aubergine, le demi poivron rouge et le demi poivron jaune sans les peler. Pelez et hachez grossièrement l'oignon rouge (obtenir des morceaux de la taille des dés de légumes). Épluchez et coupez en deux la gousse d'ail. Plongez les tomates 30 secondes dans l'eau bouillante, puis rafraîchissez-les aussitôt. Pelez-les, épépinez-les et coupez-les en petits dés également.

2 Dans une casserole, faites chauffer 2 cuillerées à soupe d'huile d'olive. Faites suer la moitié de l'oignon et une demi gousse d'ail. Ajoutez 1/4 des dés d'aubergine et de courgette. Faites revenir puis ajoutez la moitié des tomates après les avoir écrasées.

3 Salez et poivrez les légumes et arrosez de 2 louches de bouillon de légumes. Terminez la cuisson à feu doux jusqu'à ce que les légumes soient tendres. Passez-les au moulin à légumes et réservez.

4 Dans une sauteuse, faites revenir le reste des légumes dans 3 cuillerées à soupe d'huile d'olive. Lorsqu'ils sont cuits *al dente*, ajoutez 1 cuillerée à soupe de basilic haché. Réservez.

5 Découpez dans chaque plaque de lasagne 2 cercles à l'aide d'un emporte-pièce. Faites-les cuire dans une grande quantité d'eau bouillante salée et additionnée d'1 cuillerée à soupe d'huile d'olive. Égouttez dès qu'ils sont *al dente*.

6 Dressez les millefeuilles dans les assiettes en alternant 3 cercles de pâte et 2 couches de légumes. Entourez d'un cordon de coulis de légumes et décorez de feuilles de basilic. Servez aussitôt.

Tout simples à réussir, des millefeuilles aux légumes pour faire le plein de vitamines.

Ingrédients
(pour 4 personnes)

- 6 plaques de lasagnes fraîches
- 10 tomates grappe
- 2 courgettes
- 1 aubergine
- 1/2 poivron rouge
- 1/2 poivron jaune
- 1 oignon rouge
- 1 gousse d'ail
- 2 louches de bouillon de légumes
- 6 cuillères à soupe d'huile d'olive
- feuilles de grand basilic
- sel, poivre

VIN CONSEILLÉ

Servez un rosé de Provence.

Préparation : 25 minutes | *Repos : aucun* | *Cuisson : 1 heure 15* | *Réalisation : facile* | *Coût : bon marché*

Nouilles confites *aux anchois*

›AU MARCHÉ

Choisissez des tomates charnues et peu aqueuses.

›CONSEIL

Dosez la quantité de spaghettis en fonction de l'appétit de vos convives. Selon la variété choisie et la nature de la sauce, on compte 60 à 100 g de pâtes sèches par personne.

›VARIANTE

Vous pouvez remplacer les tomates par des poivrons rouges ou jaunes grillés au four.

›LE PLUS

Nécessitant peu d'ingrédients frais, ce plat de pâtes est assez simple à préparer quand des amis arrivent à l'improviste.

1 Préchauffez votre four à 210°C (thermostat 7). Ouvrez les tomates en deux. Ôtez les graines avec une petite cuillère. Rangez-les dans un grand plat légèrement huilé en les serrant les unes contre les autres. Salez-les, poivrez-les. Saupoudrez-les d'1 cuillerée à café de sucre. Ajoutez un voile de cannelle. Faites-les cuire environ 45 minutes au four, jusqu'à ce qu'elles soient confites. Réservez.

2 Pelez et émincez finement 2 oignons. Pelez et écrasez 2 gousses d'ail sous la lame d'un couteau. Rincez 8 filets d'anchois sous l'eau pour les débarrasser du sel.

3 Faites chauffer 3 cuillerées à soupe d'huile d'olive dans une grande poêle. Faites-y rissoler l'ail et les oignons sur feu vif en remuant. Au bout de 5 minutes, introduisez les tomates confites. Ajoutez les anchois, 1 cuillerée à soupe de câpres et 1 pincée de cumin moulu. Baissez le feu et laissez mijoter 15 minutes.

4 Dans une grande cocotte, portez à ébullition 3 litres d'eau salée additionnée d'1 cuillerée à soupe d'huile d'olive. Plongez-y 350 g de spaghettis. Faites-les cuire à gros bouillons jusqu'à ce qu'ils soient *al dente*.

5 Égouttez les spaghettis. Transvasez-les dans un grand plat creux. Aussitôt, versez dessus la garniture aux tomates confites. Ajoutez 16 petites olives niçoises et une dizaine de feuilles de basilic fraîchement hachées. Mélangez soigneusement à l'aide de deux grandes fourchettes.

L'art d'accommoder les spaghettis sans l'habituelle sauce tomate !

Ingrédients (pour 4 personnes)

- 350 g de spaghetti
- 800 g de tomates
- 8 filets d'anchois au sel
- 20 petites olives niçoises
- 1 cuillère à soupe de câpres
- 2 gousses d'ail
- 2 oignons blancs
- 10 belles feuilles de basilic
- cannelle, cumin moulu
- huile d'olive, sucre, sel, poivre

VIN CONSEILLÉ

Un chianti ou un côtes-du-rhône rouge.

Préparation : 25 minutes | Repos : aucun | Cuisson : 40 minutes | Réalisation : assez facile | Coût : assez cher

Papillons au crabe *et à l'orange*

›AU MARCHÉ

Vous trouverez des tourteaux de mai à novembre, mais c'est au moment des grandes marées d'équinoxe qu'ils sont les moins chers. Si vous êtes pressé, du crabe en boîte fera l'affaire. Vous pouvez également remplacer le basilic par de l'estragon.

1 Portez à ébullition 3 litres d'eau salée additionnée de 2 cuillerées à soupe de vinaigre et du bouquet garni, et plongez-y les crustacés vivants. Quand l'eau bout à nouveau, comptez 25 minutes de cuisson, puis égouttez.

2 Décortiquez les crabes cuits. Prélevez le zeste des oranges. Pelez-les à vif et enlevez les quartiers en récupérant le jus. Taillez le fenouil en petits dés. Coupez les feuilles de basilic en julienne. Avec la lame d'un grand couteau, écrasez finement 2 cuillerées à café de baies roses.

3 Faites chauffer 1 cuillerée à soupe d'huile d'olive dans une poêle à feu moyen, puis ajoutez le fenouil. Laissez cuire pendant 6 minutes avant d'ajouter la chair de crabe et les zestes d'orange et poursuivez la cuisson pendant 5 minutes. À feu vif, déglacez avec 10 cl de vin blanc et le jus d'orange. Laissez réduire pendant une minute et ajoutez la crème fraîche, les oranges, le basilic et les grains de poivre. Salez, poivrez et réservez au chaud.

4 Faites cuire les pâtes pendant 8 minutes dans une grande quantité d'eau salée. Égouttez-les, ajoutez-leur la sauce, saupoudrez de paprika et servez aussitôt.

›TOUR DE MAIN

Pour décortiquer un tourteau, arrachez et jetez la queue osseuse qui est repliée sous l'abdomen, puis détachez les pinces et les pattes que vous briserez avec un pilon sans les écraser pour retirer la chair. Détachez la partie osseuse où étaient attachées les pattes. Jetez les branchies. Coupez la partie osseuse en deux, séparez une par une les alvéoles et, à l'aide d'une brochette, sortez la chair. Avec une petite cuillère, retirez toute la chair de la carapace.

Une combinaison de saveurs inattendue et gourmande !

› Ingrédients
(pour 4 personnes)

- ✓ 2 tourteaux
- ✓ 500 g de papillons (farfalle)
- ✓ 1/2 bulbe de fenouil
- ✓ 6 feuilles de basilic
- ✓ 2 oranges
- ✓ 2 cuillères à soupe de crème fraîche
- ✓ 2 cuillères à soupe de vinaigre de vin
- ✓ 10 cl de vin blanc sec
- ✓ 1 bouquet garni
- ✓ 1 cuillère à café de paprika
- ✓ 2 cuillères à café de baies roses
- ✓ huile d'olive, sel, poivre

› VIN CONSEILLÉ

Un bon blanc sec du Val de Loire.

Préparation : 1 heure 20 | Repos : aucun | Cuisson : 15 minutes | Réalisation : très délicate | Coût : assez cher

Pappardelle *aux tomates et courgettes*

›TOUR DE MAIN

Étalez la pâte en la passant trois fois entre les rouleaux de la machine. Pliez-la en trois entre chaque passage jusqu'à obtention d'une épaisseur d'environ 3 mm, puis passez la pâte une dernière fois pour l'étendre finement.

›CONSEIL

Si vous manquez de temps ou de patience, n'hésitez pas à vous procurer des pappardelle sèches dans une épicerie italienne.

›POUR L'ACCOMPAGNER

Prévoyez du parmesan râpé.

1 Sur le plan de travail, disposez 700 g de farine en fontaine. À l'intérieur, ajoutez 5 œufs, 2 cuillerées à soupe d'huile d'olive et 1 pincée de sel. Mélangez les ingrédients du centre puis incorporez peu à peu la farine. Pétrissez longuement jusqu'à obtention d'une pâte homogène et souple. Laissez reposer 30 minutes.

2 À l'aide d'une machine mécanique, étalez très finement la pâte. Pliez-la en trois. Au couteau, taillez des lanières de 2 cm de large pour obtenir des « pappardelle ». Dépliez-les et mettez-les dans une passoire.

3 Pelez et hachez 1 gousse d'ail. Taillez 1 courgette en bâtonnets. Émincez 1 petit oignon et 6 tomates séchées. Coupez en deux 15 tomates cerise. Faites chauffer 5 cl d'huile d'olive dans une poêle. Faites revenir l'ail haché. Ajoutez l'oignon émincé, les courgettes, tomates séchées et tomates cerise. Faites sauter l'ensemble 5 minutes sur feu vif. Salez légèrement, poivrez.

4 Déchirez 10 feuilles de basilic à la main au-dessus de la poêle. Mélangez-les à la préparation. Mouillez aussitôt avec 10 cl de vin blanc. Laissez frémir 2 minutes. Réservez hors du feu.

5 Portez 3 litres d'eau salée à ébullition. Dès les premiers frissons, placez la passoire contenant les pappardelle dans l'eau. Ainsi immergées, laissez cuire les pâtes 3 minutes. Égouttez-les soigneusement.

6 Versez les pâtes dans la poêle contenant la sauce. Faites réchauffer 2 minutes en remuant. Transvasez dans les assiettes et servez.

Des rubans de pâtes fraîches assortis d'une poêlée de légumes au basilic.

› *Ingrédients*
(pour 4 personnes)

- ✓ 700 g de farine tamisée
- ✓ 5 œufs
- ✓ 15 tomates cerise
- ✓ 6 tomates séchées
- ✓ 1 courgette
- ✓ 1 petit oignon
- ✓ 1 gousse d'ail
- ✓ 10 cl de vin blanc
- ✓ 5 cl d'huile d'olive + 2 cuillères à soupe
- ✓ 10 feuilles de basilic
- ✓ sel, poivre

›VIN CONSEILLÉ

Un chianti ou un valpolicella.

Préparation : 35 minutes | *Repos : aucun* | *Cuisson : 45 minutes* | *Réalisation : facile* | *Coût : bon marché*

Penne *au coulis de courgette*

›AU MARCHÉ

Choisissez des petites courgettes bien fermes contenant très peu de graines (au printemps, les légumes sont plus tendres et nécessitent un temps de cuisson moins long). Procurez-vous des œufs très frais. Achetez des pâtes de qualité en choisissant de préférence une marque italienne.

›CONSEIL

Servez sans attendre car les pâtes liées au jaune d'œuf cru ne se réchauffent pas.

›LE PLUS

Les penne, gros macaroni creux, font partie des pâtes les mieux conçues pour retenir la sauce !

1 Pelez 1 oignon blanc et 1 gousse d'ail. Lavez 1 petit bouquet de persil. Broyez l'ensemble au mixeur.

2 Taillez les courgettes en rondelles très fines, sans les peler. Mettez-les dans une grande poêle avec 2 cuillerées à soupe d'huile d'olive. Faites-les sauter sur feu moyen en les remuant souvent. Au bout de 20 minutes, incorporez le hachis d'ail, d'oignon et de persil. Salez, poivrez. Mélangez et laissez cuire 10 minutes sur feu doux.

3 Faites chauffer 4 litres d'eau dans une grande marmite. Ajoutez 1 cuillerée à soupe de gros sel et 1 d'huile d'olive. À l'ébullition, versez les penne. Laissez-les cuire à gros bouillons (10 à 15 minutes).

4 Délayez le safran dans 15 cl de bouillon chaud mais non bouillant. Broyez la poêlée de courgettes au mixeur, le plus finement possible. Ajoutez le bouillon au safran. Mixez de nouveau jusqu'à obtention d'un coulis. Versez le coulis de courgettes dans une casserole. Faites-le mijoter quelques minutes à feu doux.

5 Égouttez les pâtes *al dente*, mettez-les dans un plat creux chauffé. Ajoutez 20 g de beurre et mélangez bien. Battez 4 jaunes d'œuf et 40 g de parmesan. Hors du feu, versez la liaison dans la casserole en fouettant. Transvasez le coulis crémeux sur les pâtes. Mélangez et servez aussitôt.

Simple et nourrissante, cette « pasta » étonne par sa délicatesse !

› Ingrédients
(pour 4 personnes)

- ✓ 700 g de petites courgettes
- ✓ 250 g de penne
- ✓ 1 gros oignon blanc
- ✓ 1 gousse d'ail
- ✓ 4 jaunes d'œuf
- ✓ 40 g de parmesan râpé
- ✓ 15 cl de bouillon de volaille
- ✓ 1 petit bouquet de persil
- ✓ 1 dose de safran en poudre
- ✓ beurre, huile d'olive
- ✓ gros sel, sel, poivre

›VIN CONSEILLÉ

Proposez un coteaux-du-languedoc blanc ou rosé.

Préparation : 20 minutes | *Repos : aucun* | *Cuisson : 30 minutes* | *Réalisation : facile* | *Coût : bon marché*

Penne aux olives *et salami*

›LES PÂTES SÈCHES

L'Italie peut se vanter de posséder un très grand nombre de variétés de pâtes. Des designers mettent leur créativité au service des grands fabricants de pâtes sèches pour inventer de nouveaux produits. La forme des pâtes est étudiée de façon à ce qu'elles cuisent plus vite ou retiennent mieux la sauce... Ces artistes du design conçoivent aussi bien des voitures, des meubles que du matériel culinaire !

›POUR L'ACCOMPAGNER

Prévoyez un beau morceau de parmesan que chaque convive râpera à sa convenance au-dessus de son assiette.

›LE PLUS

Remplacez le poivron frais par des poivrons en conserve ou par des tomates séchées coupées en petits morceaux. Égouttez une boîte de petits champignons de Paris. Faites sauter le mélange 5 minutes à la poêle en y ajoutant l'ail et le persil.

›AU MARCHÉ

Achetez toujours les pâtes dans un magasin où le débit est important. Si la date d'expiration est proche, elles mettront bien plus de temps à cuire que ce qui est indiqué sur le paquet !

1 Nettoyez les champignons de Paris. Coupez-les en lamelles ou en quarts. Lavez le poivron rouge et taillez-le en dés. Pelez et hachez 2 gousses d'ail. Lavez et essorez le persil. Gardez quelques belles feuilles pour la décoration et ciselez finement les autres.

2 Faites chauffer 3 cuillerées à soupe d'huile d'olive dans une sauteuse. Mettez-y les champignons et le poivron. Faites-les sauter 10 minutes sur feu moyen puis ajoutez l'ail et le persil ciselé. Salez, poivrez. Mélangez et laissez mijoter 5 minutes.

3 Dans un grand faitout, faites bouillir 4 litres d'eau additionnée d'une cuillerée à soupe de gros sel et d'une cuillerée à soupe d'huile d'olive. Jetez-y les pennes. Laissez cuire à feu vif jusqu'à ce que les pâtes soient *al dente* (10 à 15 minutes). Égouttez-les.

4 Versez les pennes dans la sauteuse. Hors du feu, ajoutez les tranches de salami et les olives noires. Mélangez soigneusement puis transvasez les pâtes et leur garniture dans un grand plat creux chauffé. Décorez de feuilles de persil et servez aussitôt.

Pour tous les amoureux de la «pasta», une recette vite prête aux parfums et couleurs de l'Italie.

Ingrédients (pour 4 personnes)

- 300 g de pennes sèches
- 12 fines tranches de salami
- 16 olives noires
- 150 g de champignons de Paris
- 1 petit poivron rouge
- 2 gousses d'ail
- 1 bouquet de persil plat
- 4 cuillères à soupe d'huile d'olive
- 1 cuillère à soupe de gros sel
- sel, poivre

VIN CONSEILLÉ

En fonction de la saison, servez avec un côtes-du-luberon rouge ou rosé.

Penne *pimentées*

›CONSEIL

Pour respecter la recette originale (penne al' arabiata) et en restituer tout le caractère latin, il est préférable d' user généreusement de piment frais. Dosez le piment et goûtez au fur et à mesure de l'assaisonnement pour éviter les mauvaises surprises !

›LE PLUS

N'oubliez pas de tenir à la disposition des convives un bon parmesan frais râpé. Délaissez les produits vendus tout prêts et déshydratés.

›TOUR DE MAIN

Pour réussir des pâtes «al dente», goûtez les toutes les 30 secondes en train de cuire, et ce à partir de 3 minutes avant la fin du temps supposé de cuisson. Elles doivent être encore très élastiques et la surface ne doit pas être pâteuse du tout.

1 Faites cuire les penne *al dente* (10 à 15 minutes) dans un grand volume d'eau salée additionnée de 2 cuillerées à soupe d'huile d'olive. Égouttez-les en réservant une petite tasse d'eau de cuisson.

2 Égouttez les tomates pelées en gardant leur jus. Supprimez la partie dure et concassez-les. Pelez, dégermez et hachez grossièrement 4 gousses d'ail. Pelez et hachez 1 oignon. Effeuillez le basilic et ciselez-le en conservant quelques feuilles pour la décoration.

3 Faites chauffer 4 cuillerées à soupe d'huile d'olive dans une sauteuse. Faites suer l'oignon quelques minutes à feu moyen, puis ajoutez les tomates, 1 cuillerée à soupe de vinaigre de vin et l'ail. Faites mijoter 2 ou 3 minutes en remuant.

4 Incorporez dans la sauteuse 2 tasses de jus de tomates pelées et la tasse d'eau de cuisson des pâtes. Ajoutez le basilic ciselé, la feuille de laurier, la branche de thym, 1 cuillerée à soupe de concentré de tomates, du sel et du piment de Cayenne. Couvrez et laissez mijoter à feu doux environ 15 minutes.

5 Au bout de 15 minutes, découvrez la sauce aux tomates, faites-la réduire si besoin quelques minutes sur feu vif. Rectifiez l'assaisonnement en piment et en sel. Versez les penne dans la sauteuse et remuez délicatement.

6 Versez les penne dans le plat de service, décorez de quelques feuilles de basilic et servez très chaud.

Brûlantes et aromatiques, ces Italiennes au tempérament de feu vont aiguiser vos papilles !

› Ingrédients
(pour 4 personnes)

- 300 g de penne sèches
- 1 grosse boîte de tomates pelées
- 1 oignon
- 4 gousses d'ail
- 1 cuillère à soupe de vinaigre de vin
- 1 cuillère à soupe de double concentré de tomates
- huile d'olive
- piment de Cayenne moulu
- 1 feuille de laurier
- 1 branche de thym
- 2 branches de basilic
- sel

› VIN CONSEILLÉ

Restez en Italie et dénichez un bon chianti ou servez un côtes-du-vivarais.

Préparation : 1 heure 30 | Repos : 1 heure | Cuisson : 15 minutes | Réalisation : assez facile | Coût : assez cher

Plumes *aux gambas et courgettes*

› TOUR DE MAIN

Décortiquez entièrement la queue des gambas en vous aidant de petits ciseaux pour fendre la carapace. Pour une jolie présentation, laissez la tête intacte.

› CONSEIL

Pour gagner du temps, préparez la pâte à l'avance puis mettez-la en attente dans le bas du réfrigérateur. Si vous êtes un grand amateur de pâtes fraîches, peut-être trouverez-vous plus simple d'utiliser une machine pour pétrir et étaler la pâte. Sinon, armez-vous de patience : le secret de la réussite tient dans le long travail à la main qui rend la pâte souple et malléable...

1 Préparez la pâte : disposez 250 g de farine en fontaine sur le plan de travail. Creusez un puits au centre et mettez-y 1 pincée de sel et 8 jaunes d'œuf. Incorporez peu à peu la farine aux œufs puis mélangez le tout jusqu'à obtention d'une pâte lisse et souple. Laissez-la reposer 1 heure à couvert.

2 Reprenez la pâte. Travaillez-la longuement avec la paume de la main pour lui redonner de l'élasticité. Étalez-la très finement au rouleau à pâtisserie. Découpez la pâte en carrés de 5 cm. Roulez-les d'un coin à l'autre à l'aide d'un crayon.

3 Décortiquez 12 gambas. Pelez et émincez 1 échalote. Taillez 2 courgettes en petits dés. Pelez et épépinez 4 tomates. Taillez la chair en petits dés. Faites chauffer 5 cl d'huile d'olive dans une sauteuse. Faites-y revenir l'échalote et les courgettes 5 minutes. Ajoutez les gambas, les tomates et 1 pincée de piment. Salez, poivrez. Laissez cuire 5 minutes sur feu doux.

4 Plongez les pâtes dans une grande quantité d'eau bouillante salée. Laissez-les cuire 5 minutes puis égouttez-les. Joignez-les au contenu de la sauteuse. Mélangez délicatement pour lier les saveurs. Disposez dans les assiettes et servez aussitôt.

Pour épater vos amis, préparez ces pâtes qui changent du quotidien.

Ingrédients (pour 4 personnes)

- 12 gambas cuites
- 4 tomates
- 2 courgettes
- 1 échalote
- 8 jaunes d'œuf
- 250 g de farine
- 5 cl d'huile d'olive
- piment fort, sel, poivre

VIN CONSEILLÉ

Un vin blanc de caractère (cassis).

Préparation : 1 heure 15 | *Repos : aucun* | *Cuisson : 20 minutes* | *Réalisation : très délicate* | *Coût : bon marché*

Ravioles *aux champignons*

1 Préparez la pâte. Mettez 400 g de farine sur le plan de travail. Creusez un puits au centre. Versez-y 4 œufs battus en omelette avec 1/2 cuillerée à café de sel et 1 cuillerée à soupe d'huile d'olive. Incorporez peu à peu la farine aux ingrédients du puits. Pétrissez longuement jusqu'à obtention d'une pâte homogène et souple. Façonnez-la en boule. Laissez-la reposer 30 minutes dans un linge.

2 Entre-temps, préparez la farce. Émiettez 3 tranches de pain de mie et faites-le tremper dans 2 cuillerées à soupe de lait. Nettoyez et émincez les champignons. Lavez et hachez le persil. Pelez, dégermez et hachez finement la gousse d'ail. Faites revenir les champignons à la poêle dans 25 g de beurre. Salez et poivrez-les. Lorsqu'ils ont bien rendu leur eau, retirez-les du feu. Égouttez-les en réservant le jus de cuisson. Coupez le jambon cuit en petits dés. Broyez-les au mixeur. Mixez ensuite les champignons. Mettez-les dans une jatte avec la mie de pain essorée et le jambon. Ajoutez le persil et l'ail hachés, 25 g de parmesan et 1 pincée de muscade. Mélangez bien. Réservez.

3 Reprenez la pâte. Pétrissez-la de nouveau pendant une dizaine de minutes. Partagez-la en 2 boules de taille identique. Étalez chaque boule très finement en 2 larges rectangles. Disposez la farce en petits tas espacés sur l'un des rectangles de pâte. Badigeonnez les bords de la pâte et autour des tas de farce avec un pinceau humide. Recouvrez du second rectangle de pâte en le faisant adhérer du bout des doigts. Découpez les ravioles à l'aide d'une roulette crantée.

4 Faites pocher les ravioles par petites quantités dans 3 litres d'eau bouillante salée. Lorsqu'elles remontent à la surface, elles sont cuites (3 minutes environ). Égouttez-les et mettez-les dans un grand plat. Ajoutez 40 g de beurre cru en petits morceaux, mélangez et réservez au chaud. Faites chauffer 20 cl de crème sur feu doux, salez, poivrez. Versez-la dans le plat, sur les ravioles. Poudrez de 40 g de parmesan. Mélangez délicatement à l'aide de 2 spatules. Servez aussitôt.

› VARIANTE

En saison, confectionnez la farce avec des cèpes ou des girolles.

Un chef-d'œuvre gastronomique originaire de l'Italie du nord.

Ingrédients
(pour 4 personnes)

Pour la pâte :
- 400 g de farine
- 4 œufs
- 1/2 cuillère à café de sel
- 1 cuillère à soupe d'huile d'olive

Pour la farce :
- 250 g de champignons de Paris
- 250 g de jambon cuit
- 1 bouquet de persil
- 3 tranches de pain de mie
- 2 cuillères à soupe de lait
- 25 g de beurre
- 1 gousse d'ail
- 1 pincée de muscade
- 25 g de parmesan râpé
- sel, poivre

Pour la finition :
- 20 cl de crème liquide
- 40 g de parmesan râpé
- sel, poivre

VIN CONSEILLÉ

Choisissez un bourgogne blanc servi bien frais, auxey-duresses ou saint-romain.

Ravioli *aux cèpes*

›CONSEIL

Les ravioli frais cuisent très vite : dès qu'ils remontent à la surface, égouttez-les.

1 Versez 400 g de farine, creusez un puits et mettez-y 4 œufs battus avec 1 cuillerée à café de sel. Incorporez peu à peu la farine jusqu'à obtention d'une boule de pâte lisse. Travaillez-la énergiquement pour l'assouplir. Laissez-la reposer 30 minutes.

2 Faites tremper 4 tranches de pain de mie dans 5 cl de lait. Ciselez 2 échalotes. Nettoyez les cèpes, coupez-les en lamelles (mettez-en 150 g de côté pour la finition). Taillez la poitrine fumée en lardons. Faites-les sauter à la poêle dans 2 cuillerées à soupe d'huile avec les cèpes et les échalotes. Salez, poivrez. Au bout de 25 minutes, incorporez 5 cl de crème liquide et laissez mijoter jusqu'à absorption complète. Hors du feu, ajoutez le pain de mie égoutté et le persil. Mélangez pour obtenir une farce homogène.

3 Reprenez la pâte, partagez-la en 2 boules. Étalez-les finement en 2 larges bandes à l'aide d'une machine spéciale. Sur l'une d'elles, déposez la farce en tas réguliers de la grosseur d'une noix. Au pinceau, humectez la partie non farcie avec un peu d'eau. Posez l'autre bande de pâte sur la première et soudez du bout des doigts. Découpez les ravioli à l'aide d'une roulette dentelée.

4 Faites bouillir 4 litres d'eau avec 1 cuillerée à soupe de gros sel. Dans une poêle, faites sauter les cèpes mis de côté avec 2 cuillerées à soupe d'huile, du sel et du poivre. Faites fondre 100 g de beurre dans une casserole et ajoutez la gousse d'ail écrasée. Faites cuire doucement jusqu'à ce que l'ail blondisse. Plongez les ravioli dans l'eau bouillante et faites-les cuire 3 minutes. Égouttez-les. Disposez les ravioli dans les assiettes. Ajoutez les lamelles de cèpes. Arrosez-les de beurre parfumé à l'ail. Parsemez de parmesan râpé et servez.

Une «pasta» exceptionnelle, à préparer pour une grande occasion !

Ingrédients
(pour 4 personnes)

- 400 g de farine tamisée
- 4 œufs
- 600 g de cèpes
- 100 g de poitrine fumée
- 40 g de parmesan râpé
- 100 g de beurre
- 4 tranches de pain de mie
- 5 cl de lait
- 5 cl de crème liquide
- 2 échalotes
- 1 gousse d'ail
- 2 cuillères à soupe de persil haché
- 4 cuillères à soupe d'huile d'olive
- gros sel, sel, poivre

VIN CONSEILLÉ

Proposez un chianti ou un très bon bordeaux rouge (margaux ou saint-estèphe).

Préparation : 1 heure | Repos : 1 heure 30 | Cuisson : 4 minutes | Réalisation : assez délicate | Coût : bon marché

Raviolis *aux petits légumes*

› VARIANTE

En saison, confectionnez la farce avec des cèpes ou des girolles.

1 Dans une grande casserole, portez à ébullition un grand volume d'eau salée. Faites-y tomber les épinards et blanchissez-les 2 minutes. Rafraîchissez-les, égouttez-les, puis pressez-les fortement pour en extraire toute l'eau. Hachez-les finement. Dans une terrine ou le bol d'un robot, mélangez 250 g de farine, 1 cuillerée à soupe d'huile d'olive, 1 œuf entier et 2 jaunes d'œuf. Ajoutez les épinards hachés et travaillez soigneusement le mélange. Laissez reposer la pâte en boule 1h30 dans un linge humide au frais.

2 Entre-temps, prélevez des bandes de peau des courgettes sur 0,5 cm d'épaisseur et découpez-les en brunoise (très petits dés). Faites de même avec tous les légumes, puis plongez-les dans une casserole d'eau bouillante salée jusqu'à ce qu'ils soient cuits *al dente*. Égouttez très soigneusement et réservez au frais. Lavez et émincez très finement la roquette. Mélangez les brunoises de légumes bien froides avec la roquette émincée et 200 g de ricotta. Assaisonnez.

3 Sortez la boule de pâte du linge. Travaillez-la pendant quelques instants puis étalez-la assez finement. Découpez-la en bandes de la largeur de la plaque à raviolis. Battez 2 jaunes d'œuf dans un bol.

4 Déposez une bande de pâte à moitié sur une plaque à raviolis. Badigeonnez de jaune d'œuf au pinceau la partie posée sur la plaque. Déposez une noix de garniture dans chaque alvéole. Refermez les raviolis en rabattant la moitié de pâte libre et en pressant fortement tout autour de la garniture. Détachez-les.

5 Portez à ébullition une grande quantité d'eau salée additionnée d'un filet d'huile d'olive. Plongez-y les raviolis en baissant légèrement le feu pour que l'eau frémisse. Laissez-les cuire 2 minutes puis égouttez soigneusement. Présentez-les nappés de beurre fondu et décorez de basilic.

Pour un repas chantant comme les cigales, de jolis raviolis verts à faire soi-même !

› Ingrédients (pour 4 personnes)

- ✓ 250 g de farine
- ✓ 1 œuf + 4 jaunes
- ✓ 250 g d'épinards
- ✓ 2 petites courgettes
- ✓ 1 petit poivron rouge
- ✓ 1/2 bulbe de fenouil
- ✓ 1 petit cœur de céleri branche
- ✓ 200 g de roquette
- ✓ 200 g de ricotta
- ✓ beurre
- ✓ feuilles de basilic
- ✓ huile d'olive, sel, poivre

›VIN CONSEILLÉ

Servez un vin blanc d'Italie ou de Provence.

Spaghetti *à la tomate*

› CONSEIL

Respectez le temps de cuisson indiqué sur le paquet des spaghetti et surtout goûtez-les pour ne pas risquer de vous tromper (les pâtes aromatisées deviennent molles et fades si elles sont trop cuites). Surveillez également la cuisson des fèves : plus elles sont jeunes et tendres, moins elles ont besoin de cuire.

› POUR L'ACCOMPAGNER

Prévoyez du parmesan râpé.

1 Écossez les fèves et retirez la fine peau qui les entoure. Plongez-les dans une casserole d'eau bouillante salée. Laissez-les cuire 15 minutes puis égouttez-les.

2 Faites chauffer 20 g de beurre et 1 cuillerée à soupe d'huile dans une sauteuse. Mettez-y 8 gousses d'ail en chemise (non pelées). Faites-les revenir 5 minutes sur feu doux en les tournant pour qu'elles soient bien dorées. Ajoutez les fèves, 1 brin de thym et 1 brin de romarin. Salez, poivrez. Mouillez d'eau à hauteur. Laissez mijoter sur feu doux jusqu'à ce que le liquide soit en partie évaporé et que les fèves soient tendres. Réservez.

3 Découpez le jambon cru en lanières à l'aide de ciseaux.
Jetez les spaghetti dans une grande quantité d'eau bouillante salée additionnée d'1 cuillerée à soupe d'huile d'olive. Laissez cuire à feu vif jusqu'à ce que les pâtes soient *al dente*.

4 Égouttez les spaghetti dans une grande passoire. Versez-les dans la sauteuse. Ajoutez les lanières de jambon cru. Mélangez délicatement pour ne pas écraser les fèves. Répartissez les pâtes dans 4 assiettes creuses. Servez aussitôt.

› AU MARCHÉ

Les spaghetti aromatisés à la tomate sont une spécialité napolitaine et sont en vente chez les traiteurs italiens et dans certaines épiceries fines. À défaut de fèves fraîches, utilisez des fèves surgelées ou des petits pois. Plongez-les directement dans l'eau bouillante pour les décongeler.

Spaghetti rouges et fèves vertes : un plat aux couleurs de l'Italie !

› **Ingrédients** (pour 4 personnes)

- 300 g de spaghetti à la tomate
- 500 g de fèves à écosser
- 4 fines tranches de jambon cru
- 8 gousses d'ail
- 1 brin de romarin
- 1 brin de thym
- 20 g de beurre
- 2 cuillères à soupe d'huile d'olive
- sel, poivre

› VIN CONSEILLÉ

Offrez du vin italien (chianti ou ischia rouge) ou un vin du sud de la France (gigondas ou côtes-du-rhône).

Préparation : 20 minutes | *Repos : aucun* | *Cuisson : 30 minutes* | *Réalisation : facile* | *Coût : bon marché*

Spaghetti *aux légumes verts de printemps*

›TOUR DE MAIN

Faites cuire vos légumes séparément pour vous assurer que chacun a la juste cuisson, car cela varie selon leur taille et leur variété.

›LE PLUS

Faites cuire vos légumes à la vapeur en les gardant légèrement croquants pour préserver leurs nutriments. Pensez à les choisir en saison : les petits pois se trouvent de mai à début septembre et les fèves, tout comme les asperges, d'avril à juin.

1 Coupez la pointe des asperges. Écossez les petits pois et les fèves, puis enlevez la deuxième peau de ces dernières.

2 Faites cuire les asperges à l'eau bouillante salée pendant 8 minutes, puis rafraîchissez-les sous l'eau froide pour en fixer la couleur. Faites de même avec les fèves, puis avec les petits pois (4 à 6 minutes de cuisson). Mélangez les légumes.

3 Faites chauffez 25 cl de crème dans une casserole, puis ajoutez la ricotta et fouettez jusqu'à ce que le fromage ait fondu. Réservez au chaud. Portez à ébullition une grande quantité d'eau salée et faites cuire les spaghetti pendant 7 minutes. Égouttez-les.

4 Dans une poêle anti adhésive, réchauffez les légumes dans 1 cuillerée à soupe d'huile d'olive, puis incorporez les pâtes. Mélangez soigneusement sur feu moyen. Ajoutez un jaune d'œuf à la sauce et assaisonnez de sel, de poivre et de poivre de Cayenne. Versez la sauce sur les pâtes et servez aussitôt.

›ASTUCE

Pour plus de tranquillité, faites cuire vos pâtes et préparez la sauce à l'avance, mais n'ajoutez le jaune qu'avant de servir. Pour réchauffer les pâtes dans les règles de l'art, faites-les cuire 1 minute de moins que d'habitude, puis égouttez et trempez-les rapidement dans l'eau froide pour arrêter la cuisson, avant d'égoutter de nouveau. Ajoutez-leur quelques gouttes d'huile et recouvrez-les d'un torchon pour empêcher qu'elles ne sèchent. Il ne reste qu'à les plonger quelques secondes dans l'eau bouillante.

Un plat simple et très sain pour profiter des délices printaniers.

Ingrédients (pour 4 personnes)

- 1 botte d'asperges vertes
- 350 g de spaghetti
- 500 g de fèves fraîches
- 300 g de petits pois frais
- 1 jaune d'œuf
- 250 g de ricotta
- 25 cl de crème liquide
- 1 cuillère à soupe d'huile d'olive
- poivre de Cayenne
- sel, poivre

VIN CONSEILLÉ

Un bon petit beaujolais.

Tagliatelles *à l'encre et supions*

›AU MARCHÉ

Les supions sont de petites seiches que l'on pêche en Provence. Vous pouvez les remplacer par des encornets (petits calamars). Spécialité italienne, les tagliatelles noires sont aromatisées et teintées à l'encre de seiche, de poulpe ou de calamar. Elles sont en vente chez les traiteurs italiens et dans les épiceries fines.

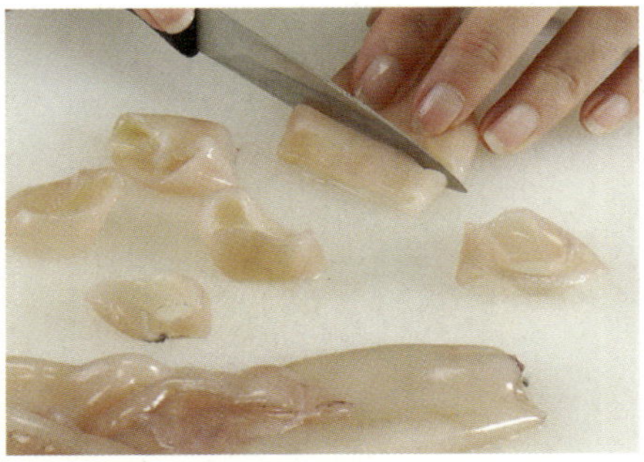

1 Nettoyez les supions : séparez la tête du corps, videz-les et supprimez toutes les parties dures. Coupez les manteaux en anneaux. Pelez et ciselez finement 2 gousses d'ail et 2 échalotes. Taillez le poivron rouge en fines lanières.

2 Dans une sauteuse, faites chauffer 30 g de beurre et 3 cuillerées à soupe d'huile d'olive. Mettez-y les lanières de poivron rouge. Faites-les sauter 5 minutes sur feu moyen puis retirez-les.

3 À leur place, faites revenir les têtes et les anneaux de supions 5 minutes sur feu moyen en remuant. Salez, poivrez. Ajoutez l'ail, les échalotes et 2 cuillerées à soupe de persil haché. Mélangez bien. Remettez les lanières de poivron. Mouillez avec 5 cl de vin blanc sec. Laissez cuire 10 minutes sur feu moyen. Réservez au chaud.

4 Dans une grande cocotte, faites chauffer 4 litres d'eau avec 1 cuillerée à soupe de gros sel et 1 cuillerée à soupe d'huile d'olive. À ébullition, jetez-y les tagliatelles. Laissez-les cuire à gros bouillons jusqu'à ce qu'elles soient *al dente*. Égouttez les pâtes. Versez-les dans la sauteuse, avec les supions et les poivrons. Mélangez délicatement. Servez aussitôt.

›LE PLUS

Très parfumées, les tagliatelles noires accompagnent avec élégance le poisson et les fruits de mer. Elles offrent un saisissant contraste de couleur avec le saumon, les langoustines ou les gambas. Pensez-y lorsque vous êtes à court d'idées pour composer votre menu !

Étonnez et régalez vos amis avec ces nids de tagliatelles noires !

Ingrédients
(pour 4 personnes)

- 400 g de tagliatelles à l'encre
- 800 g de supions
- 1 poivron rouge
- 2 gousses d'ail
- 2 échalotes
- 30 g de beurre
- 5 cl de vin blanc sec
- 2 cuillères à soupe de persil haché
- 4 cuillères à soupe d'huile d'olive
- gros sel, sel, poivre

VIN CONSEILLÉ

Choisissez un vin blanc sec de la vallée du Rhône, puissant et rond (condrieu, château-grillet).

Préparation : 30 minutes | *Repos : aucun* | *Cuisson : 10 minutes* | *Réalisation : facile* | *Coût : assez cher*

Tagliatelles *au saumon fumé*

›AU MARCHÉ

Achetez des tagliatelles fraîches chez un traiteur italien ou bien procurez-vous des pâtes sèches de très bonne qualité.

›VARIANTE

Remplacez les œufs de saumon par des boules d'avocat prélevées à l'aide d'une cuillère à pomme parisienne, et parsemez de coriandre fraîche. Ou bien ajoutez des petits champignons de Paris cuits ou crus.

›TOUR DE MAIN

Pour réussir la cuisson des pâtes, jetez-les dans une cocotte contenant une grande quantité d'eau. Faites-les cuire sur feu vif à gros bouillons.

1 Dans une grande cocotte, faites chauffer 4 litres d'eau additionnée d'1 cuillerée à soupe d'huile d'olive et d'1 cuillerée à soupe de gros sel.

2 Entre-temps, taillez les tranches de saumon fumé en fines lanières. Réservez-les au frais. Lavez la ciboulette et l'aneth. Mettez de côté quelques brins pour la décoration et hachez le reste.

3 Dans un bol, fouettez les 2 jaunes d'œuf et 25 cl de crème liquide. Salez, poivrez. Plongez les tagliatelles dans l'eau bouillante. Faites-les cuire *al dente* puis retirez-les à l'aide d'une pince à pâtes. Égouttez-les dans une passoire.

4 Transvasez aussitôt les tagliatelles dans le faitout. Ajoutez 25 g de beurre en parcelles et mélangez avec la pince. Versez le contenu du bol sur les pâtes. Faites réchauffer quelques instants sur feu doux sans cesser de remuer. Hors du feu, incorporez les lanières de saumon fumé et les fines herbes hachées. Répartissez les pâtes dans 4 assiettes. Parsemez-les d'œufs de saumon. Décorez d'aneth et de ciboulette. Servez très chaud.

›CONSEIL

Très pratique, la pince à pâte est un accessoire incontournable ! Elle permet d'égoutter les pâtes longues du type tagliatelles ou spaghettis. Elle sert aussi à mélanger les ingrédients que l'on ajoute et à disposer les pâtes dans les assiettes.

Faciles à préparer, ces pâtes festives remportent toujours un vif succès !

Ingrédients
(pour 4 personnes)

- 500 g de tagliatelles fraîches en nids
- 4 tranches de saumon fumé
- 30 g d'œufs de saumon fumé
- 2 jaunes d'œuf
- 25 cl de crème liquide
- 25 g de beurre
- 1 bouquet de ciboulette
- 1 bouquet d'aneth
- gros sel, huile d'olive
- sel, poivre

VIN CONSEILLÉ

Riesling, bordeaux blanc sec un coteaux-du-languedoc blanc (picpoul-de-pinet).

Tagliatelles *de la mer au safran*

›AU MARCHÉ

Attention à la fraîcheur des fruits de mer ! Achetez-les au dernier moment et assurez-vous que les coquilles des moules soient bien fermées. Vous pouvez aussi utiliser des fruits de mer surgelés, en choisissant de préférence des crevettes décortiquées. À défaut de safran en filaments, prenez une dose de safran en poudre (0,1 g) : il s'utilise de la même manière.

›VARIANTE

D'autres variétés de pâtes «longues» telles que les spaghetti, les linguini ou les fettuccini se marient parfaitement avec la garniture aux fruits de mer. En fonction de l'étal de votre poissonnier, remplacez les crevettes ou les moules par des coques, des palourdes ou bien des petites langoustines que vous pourrez laisser entières après les avoir pochées 3 minutes dans un court-bouillon.

›LE PLUS

Préparez la recette avec des pâtes fraîches. Elles cuisent plus vite et sont d'une saveur inégalable.

1 Pelez et hachez les échalotes. Lavez et grattez les moules. Mettez-les dans une casserole avec les échalotes, 10 cl de vin blanc, 1 cuillerée à soupe de persil haché et du poivre. Couvrez et laissez cuire 6 à 8 minutes sur feu vif jusqu'à ce que toutes les coquilles soient ouvertes. Laissez-les tiédir.

2 Plongez les tomates 30 secondes dans de l'eau bouillante. Égouttez-les et rafraîchissez-les. Pelez-les et épépinez-les. Taillez la pulpe en dés.

3 Décortiquez les crevettes roses. Retirez les moules de leur coquille (gardez-en quelques-unes entières pour la décoration du plat). Filtrez le jus à travers une passoire fine.

4 Faites cuire les tagliatelles dans une marmite contenant 2,5 litres d'eau bouillante salée additionnée d'une cuillerée à soupe d'huile d'olive. Égouttez-les dès qu'elles sont *al dente*. Remettez-les dans la cocotte avec 40 g de beurre coupé en petits morceaux, mélangez-les et tenez-les au chaud à couvert.

5 Dans une poêle, mélangez les moules et leur jus, le safran, les crevettes et les dés de tomates. Salez, poivrez. Faites chauffer l'ensemble 2 minutes sur feu vif puis versez la préparation dans la cocotte, sur les pâtes. Parsemez d'une cuillerée à soupe de persil et d'une cuillerée à soupe de ciboulette. Mélangez délicatement et transvasez dans un plat creux chauffé. Servez aussitôt.

Succès garanti pour ces pâtes accompagnées de fruits de mer et délicatement épicées.

Ingrédients
(pour 4 personnes)

- ✓ 250 g de tagliatelles sèches
- ✓ 1 kg de moules
- ✓ 2 échalotes
- ✓ 10 cl de vin blanc sec
- ✓ 300 g de crevettes roses cuites
- ✓ 4 tomates
- ✓ 1 cuillère à soupe d'huile d'olive
- ✓ 40 g de beurre
- ✓ 1 pincée de safran en filaments
- ✓ 2 cuillères à soupe de persil haché
- ✓ 1 cuillère à soupe de ciboulette hachée
- ✓ sel, poivre

VIN CONSEILLÉ

Privilégiez un vin blanc ou rosé de Provence (bandol ou coteaux-d'aix-en-provence).

Tagliatelles *aux truffes*

› AU MARCHÉ

De décembre à mars, si vous en trouvez et en avez les moyens, offrez-vous des truffes fraîches pour cette recette, vous ne le regretterez pas. Mieux encore, on peut attendre leur pleine maturation après la mi-janvier. Ne lavez jamais une truffe : brossez-la. À défaut, vous trouverez dans les épiceries fines des truffes en conserve. Évitez celles qui sont conservées dans l'alcool, car ce dernier tue le goût de ce champignon voluptueux. La truffe supporte bien la congélation. Choisissez un parmesan de toute première qualité, avec la mention parmigiano reggiano sur la meule. Il ne doit pas être trop sec pour cette recette.

› CONSEIL

Par souci d'économie, vous pouvez tout aussi bien supprimer le jus de truffe en ne mettant que les brisures ou remplacer les brisures par une quantité plus importante de jus de truffe, selon vos goûts.

› TOUR DE MAIN

Comptez toujours 1 litre d'eau et 10 g de gros sel pour 100 g de pâtes afin de leur assurer une bonne cuisson. Il est important d'avoir suffisamment d'eau pour diluer l'amidon et suffisamment de sel pour assaisonner les pâtes.

1 À l'aide d'un économe, prélevez des copeaux de parmesan. Versez 20 cl de crème fraîche dans une terrine et ajoutez les copeaux de parmesan. Lavez et essorez 10 feuilles de basilic. Réservez-en 4 pour décorer les assiettes.

2 Ajoutez 1 cuillerée à soupe de jus de truffe et les feuilles de basilic à la crème fraîche et mixez le tout. Incorporez les brisures de truffes à la dernière minute en mixant à peine. Salez et poivrez selon votre goût.

3 Versez la sauce dans un saladier. Dans une marmite, faites bouillir 4 litres d'eau avec 40 g de gros sel. Lorsque l'eau bout, plongez-y les pâtes et faites-les cuire 7 à 9 minutes. Égouttez.

4 Versez les pâtes dans la sauce et mélangez bien. Servez immédiatement dans un plat ou en assiettes individuelles. Décorez avec les feuilles de basilic réservées.

Un véritable luxe qui se prépare en quelques minutes !

Ingrédients
(pour 4 personnes)

- ✓ 400 g de tagliatelles
- ✓ 100 g de parmesan en un morceau
- ✓ 50 g de brisures de truffes
- ✓ 20 cl de crème fraîche
- ✓ 40 g de gros sel
- ✓ 10 feuilles de basilic
- ✓ 1 cuillère à soupe de jus de truffe
- ✓ sel, poivre

VIN CONSEILLÉ

Un bourgogne rouge.

Préparation : 1 heure | *Réfrigération : 30 minutes* | *Séchage : 6 heures* | *Réalisation : assez facile* | *Coût : bon marché*

Tagliatelles *et papillons multicolores*

›TOUR DE MAIN

Il est parfois nécessaire d'ajouter un filet d'eau, selon la grosseur des œufs, pour obtenir une pâte à la bonne consistance. Dans le cas des pâtes aux épinards, utilisez plutôt une partie de la moitié d'œuf restant.

›CONSEIL

Farinez le plan de travail et la pâte. En découpant les pâtes, tranchez toujours net, sans scier.

1 Lavez 100 g d'épinards et faites blanchir les feuilles 1 minute dans une grande quantité d'eau bouillante. Rafraîchissez-les sous l'eau froide et égouttez-les en les pressant pour éliminer toute l'eau. Mixez.

2 Mélangez 200 g de farine avec les épinards et formez un tas sur le plan de travail. Faites un puits et cassez 1 œuf au milieu. Dans un bol, cassez 1 œuf, battez-le et versez la moitié dans le puits (réservez l'autre moitié pour une autre recette). Ajoutez 5 g de sel et 1/2 cuillerée à soupe d'huile d'olive.

3 Ajoutez 1 œuf battu dans le puits puis incorporez la farine du bout des doigts en la ramenant des bords du puits vers le centre. Malaxez la pâte pendant au moins 10 minutes. Enveloppez-la dans du film plastique et réfrigérez au moins 30 minutes.

4 Creusez un puits dans les 200 g de farine restants. Cassez 2 œufs dans le puits, ajoutez 5 g de sel et 1/2 cuillerée à soupe d'huile d'olive et travaillez la pâte comme précédemment. Réfrigérez 30 minutes.

5 Pour faire les tagliatelles, divisez la pâte en morceaux puis étalez-la en bandes de 1 mm d'épaisseur. Roulez la pâte sur elle-même pour constituer un rouleau et découpez au couteau des tranches de 1 cm. Déroulez.

6 Pour faire des papillons multicolores, étalez une bande de pâte blanche. Posez des tagliatelles vertes dessus dans le sens de la longueur en bandes parallèles espacées. À l'aide d'une roulette dentelée, découpez la bande en rectangles et pincez les bords vers le centre.

7 Laissez sécher les pâtes fraîches jusqu'à une demi- journée à l'air libre. Comptez 3 à 5 minutes de cuisson selon l'épaisseur.

Offrez-vous l'incomparable plaisir des pâtes fraîches !

› *Ingrédients*
(pour 4 personnes)

- ✓ *400 g de farine*
- ✓ *100 g d'épinards*
- ✓ *4 œufs*
- ✓ *huile d'olive, sel*

›VIN CONSEILLÉ

Un Valpolicella rouge.

Préparation : 10 minutes | *Repos : aucun* | *Cuisson : 10 minutes* | *Réalisation : facile* | *Coût : assez cher*

Tagliatelles *landaises*

›AU MARCHÉ

À défaut de graisse de canard, utilisez du beurre ou prélevez la graisse des tranches de magret fumé et faites-la fondre à feu doux. Du magret séché peut remplacer le magret fumé. Choisissez du foie gras de premier choix pour cette recette, de préférence entier et mi-cuit ou en semi-conserve.

›TOUR DE MAIN

Les pâtes doivent rester « al dente » afin de conserver tout leur goût : goûtez-les régulièrement au fur et mesure de la cuisson et, dès qu'elles atteignent la cuisson idéale, retirez-les rapidement de l'eau avec une écumoire ou une « araignée » en fil de fer pour bien éliminer l'amidon.

›CONSEIL

N'hésitez pas à bien poivrer ce plat de pâtes gourmand.

1 Coupez le foie gras en dés. Détachez les tranches d'1 magret de canard. Dénoyautez 8 pruneaux et taillez-les en grosse julienne. Hachez 1 échalote finement. À l'aide du dos d'un grand couteau, écrasez 1 cuillerée à soupe de baies rouges, puis hachez-les grossièrement.

2 Dans une marmite, faites bouillir 4 litres d'eau avec 40 g de gros sel. Lorsque l'eau bout, plongez-y les pâtes et faites-les cuire 7 à 9 minutes. Égouttez et incorporez 1/2 cuillerée à soupe de graisse de canard aux pâtes.

3 Dans une sauteuse, mettez 1 cuillerée à soupe de graisse de canard, le hachis d'échalote et 1 pincée de sel. Faites suer pendant 2 minutes sur feu doux sans coloration. Ajoutez les pruneaux et faites cuire sur feu moyen pendant 4 minutes.

4 Ajoutez les tranches de magret et faites-les sauter encore 2 minutes à feu vif, puis ajoutez 1 cuillerée à soupe de vinaigre de Xérès et poursuivez la cuisson durant 1 minute. Incorporez les dés de foie gras.

5 Ajoutez les pâtes, du sel et du poivre et mélangez bien. Réduisez la chaleur à feu moyen et faites chauffer doucement pendant quelques minutes. Servez dans un plat ou en assiettes individuelles, en saupoudrant de ciboulette ciselée et de baies rouges concassées.

Facile à préparer, ce plat met en valeur la noblesse de ses ingrédients.

› Ingrédients
(pour 4 personnes)

- 400 g de tagliatelles
- 1 magret de canard fumé en tranches
- 200 g de foie gras
- 8 pruneaux
- 1 échalote
- 1 botte de ciboulette
- 1 cuillère à soupe et demie de graisse de canard
- 1 cuillère à soupe de vinaigre de Xérès
- 1 cuillère à soupe de baies rouges
- gros sel, sel, poivre

› VIN CONSEILLÉ

Un côtes-du-roussillon.

Tagliatelles
sautées aux crevettes

›AU MARCHÉ

La roquette ajoute aux plats sa saveur légèrement piquante et une pointe agréable d'amertume. Choisissez une roquette bien fraîche, avec de petites feuilles très fermes. Bannissez les feuilles molles et ternes.

›TOUR DE MAIN

La cuisson des pâtes est très importante. Il faut une grande quantité d'eau additionnée d'huile pour que l'amidon se dissolve sans rendre les pâtes collantes. Comptez un litre pour 100 g de pâtes. Le temps de cuisson doit être parfait pour qu'elles restent «al dente»: goûtez-les régulièrement au fur et mesure de la cuisson. Enfin, au lieu de les verser dans une passoire, retirez-les de l'eau avec une écumoire ou une «araignée» en fil de fer pour mieux éliminer l'amidon.

1 Coupez les tiges des asperges vertes pour ne garder que les pointes sur environ 8 cm. Décortiquez les crevettes. Hachez l'échalote finement. Rincez et essorez la roquette.

2 Plongez les asperges dans de l'eau bouillante salée pendant 8 minutes environ, elles doivent être juste *al dente*. À l'aide d'une écumoire, retirez les asperges et plongez-les directement dans de l'eau froide pour arrêter la cuisson et fixer la couleur. Égouttez.

3 Dans une marmite, faites bouillir 4 litres d'eau avec 40 g de gros sel. Ajoutez 2 cuillerées à soupe d'huile d'olive. Lorsque l'eau bout, plongez-y les pâtes et faites cuire 7 à 8 minutes. Égouttez.

4 Dans une sauteuse, mettez 2 cuillerées à soupe d'huile d'olive, l'échalote hachée et une pincée de sel. Faites suer pendant 2 minutes à feu doux sans coloration. Ajoutez les crevettes et faites-les cuire sur feu moyen pendant 4 minutes.

5 Ajoutez les asperges dans la sauteuse et faites revenir à feu vif pendant 2 minutes. Versez 1 cuillerée à soupe de vinaigre de xérès et laissez-le s'évaporer. Ajoutez les pâtes, salez et poivrez. Mélangez délicatement, réduisez la chaleur à feu moyen et faites chauffer doucement quelques minutes.

6 Ajoutez la roquette à la dernière minute, saupoudrez de paprika et servez dans un plat ou en assiettes individuelles.

Un plat rapide à préparer et très élégant.

Ingrédients
(pour 4 personnes)

- 250 g de crevettes moyennes cuites
- 1 botte d'asperges vertes
- 1 poignée de roquette
- 1 petite échalote
- 400 g de tagliatelles
- 1 cuillère à soupe de vinaigre de xérès
- 4 cuillères à soupe d'huile d'olive
- 40 g de gros sel
- paprika
- sel, poivre

VIN CONSEILLÉ

Servez un côtes-du-roussillon.

Torti *aux crevettes*

›AU MARCHÉ

Choisissez des crevettes tropicales entières, en provenance de Guyane française ou de Madagascar. La ciboulette est souvent associée au persil et au cerfeuil pour former le trio des fines herbes, elle exhale un petit goût d'oignon qui n'appartient qu'à elle ! Riche en vitamines A et C, elle renferme du calcium, du fer, et possède des vertus diurétiques et anti-infectieuses.

1 La veille, mettez les crevettes surgelées dans une jatte. Arrosez-les avec le jus d'1 citron et 5 cl d'huile d'olive. Ajoutez 1 gousse d'ail pelée taillée en petits éclats. Mélangez délicatement. Couvrez le récipient et mettez-le au réfrigérateur. Laissez décongeler toute une nuit.

2 Le lendemain, égouttez les crevettes de la marinade. Décortiquez-les en gardant intacte l'extrémité de la queue. Réservez au frais.

3 Plongez les tomates 1 minute dans de l'eau bouillante. Égouttez-les et rafraîchissez-les. Ouvrez-les en deux, ôtez les graines à la petite cuillère. Taillez la pulpe en petits dés. Hachez finement la valeur de 2 cuillerées à soupe de ciboulette.

4 Faites chauffer 4 litres d'eau additionnée d'1 cuillerée à soupe de gros sel et d'1 cuillerée à soupe d'huile d'olive. À l'ébullition, jetez-y 300 g de torti. Faites-les cuire sur feu vif jusqu'à ce qu'ils soient *al dente*.

5 Pendant la cuisson des pâtes, faites sauter les crevettes dans une grande poêle avec 3 cuillerées à soupe d'huile d'olive (5 à 6 minutes sur feu vif). Salez, poivrez. Ajoutez les dés de tomate et 1 cuillerée à soupe de ciboulette hachée. Faites sauter 1 minute sur feu vif en mélangeant à l'aide de deux spatules.

6 Égouttez les torti et versez-les dans un grand plat creux. Ajoutez les crevettes aux tomates poêlées. Complétez avec 1 cuillerée à soupe de ciboulette et 1 filet d'huile d'olive. Mélangez délicatement et servez aussitôt.

›LE PLUS

Décorez votre plat avec de la ciboulette en fleurs !

Un plat de pâtes très apprécié des amateurs de fruits de mer !

› *Ingrédients*
(pour 4 personnes)

- ✓ *800 g de crevettes crues surgelées*
- ✓ *600 g de tomates*
- ✓ *300 g de torti*
- ✓ *1 gousse d'ail*
- ✓ *1 bouquet de ciboulette*
- ✓ *le jus d'1 citron*
- ✓ *huile d'olive*
- ✓ *gros sel, sel, poivre*

›VIN CONSEILLÉ

Un bandol rosé.

Préparation : 20 minutes | *Repos : non* | *Cuisson : 10 minutes* | *Réalisation : facile* | *Coût : bon marché*

Trenette *al pesto*

›AU MARCHÉ

Choisissez des haricots verts frais en saison. En dehors de la période estivale, utilisez des haricots verts surgelés pourvu qu'ils soient très fins, mais banissez absolument les produits en conserve. Préférez le basilic à petites feuilles, plus tendre et doux et qui se conserve mieux que son cousin à grandes feuilles. Les trenette sont de longues pâtes de 3 à 4 cm de large. Vous pouvez les remplacer par des tagliatelles ou utiliser des plaques de lasagnes fraîches que vous découperez vous-même à la roulette. Le pecorino est un fromage de chèvre sarde au goût prononcé.

›TOUR DE MAIN

Pour respecter la tradition, réalisez votre pesto au pilon dans un mortier.

›CONSEIL

Gardez les haricots verts bien fermes surtout si vous les préparez à l'avance et que vous comptez les réchauffer à la vapeur avant de les servir. Pour réaliser les fagots de haricots, tressez ensemble 3 ou 6 brins de ciboulette puis attachez les petites bottes avec ce lien solide.

1 Pelez et coupez la pomme de terre en petits cubes. Faites-la cuire à l'eau quelques minutes.

2 Faites cuire à l'eau bouillante salée les haricots verts équeutés, puis plongez-les dans l'eau froide. Égouttez-les, assaisonnez-les et liez-les en 4 petits fagots. Réservez au chaud.

3 Faites griller à sec les pignons dans une poêle ou au four. Réservez.

4 Mixez ensemble les cubes de pomme de terre cuits et égouttés, les feuilles de 2 bouquets entiers de basilic, 25 cl d'huile d'olive et le pecorino râpé. Salez et poivrez le pesto obtenu.

5 Faites cuire les trenette dans une grande marmite d'eau bouillante salée additionnée de 2 cuillerées à soupe d'huile d'olive. Stoppez la cuisson dès qu'elles sont *al dente* en les transférant avec leur eau bouillante dans une bassine d'eau fraîche. Sortez-les immédiatement de la bassine avec une écumoire pour les égoutter.

6 Dressez les pâtes sur les assiettes chaudes et nappez-les de pesto. Placez un fagot de haricots verts au centre de chaque tas de trenette. Décorez de pignons dorés et servez aussitôt.

Offrez à vos amis cette savoureuse recette de pâtes venue de Ligurie.

Ingrédients
(pour 4 personnes)

- ✓ 350 g de trenette fraîches
- ✓ 200 g de haricots verts extra-fins
- ✓ 1 pomme de terre
- ✓ 100 g de pignons
- ✓ 2 bouquets de basilic
- ✓ 60 g de pecorino
- ✓ 25 cl d'huile d'olive extra vierge + 2 cuillères à soupe
- ✓ brins de ciboulette
- ✓ sel, poivre blanc

VIN CONSEILLÉ

Servez un vin rosé du pays d'Oc (cabernet) ou un bandol blanc.

Pizza

Préparation : 35 minutes | *Repos : 1 heure 30* | *Cuisson : 15 minutes* | *Réalisation : facile* | *Coût : assez cher*

Pizza *à la florentine*

›TOUR DE MAIN

Si ce n'est pas la saison des épinards, vous pouvez très bien utiliser des épinards surgelés. Veillez simplement à choisir des épinards en branches et à les passer quelques minutes à la poêle avec 1 cuillère à soupe d'eau avant d'en garnir la pizza. Pour leur donner plus de saveur, vous pouvez les faire cuire quelques minutes avec un petit oignon finement haché.

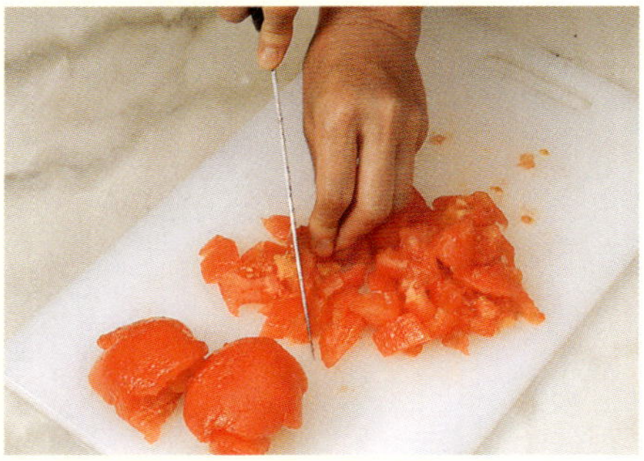

1 Émiettez les 8 g de levure dans un bol avec 10 cl d'eau tiède. Versez les 250 g de farine dans un saladier et la levure diluée. Mélangez bien. Incorporez les 2 cuillères à soupe d'huile d'olive, la 1/2 cuillère à café de sel et pétrissez la pâte pendant 10 minutes.

2 Roulez la pâte en boule, couvrez-la d'un linge et laissez gonfler 45 minutes dans un endroit tiède, à l'abri des courants d'air. Pétrissez-la ensuite 5 minutes. Étalez la pâte sur une plaque de four huilée. Couvrez d'un linge et laissez reposer 45 minutes dans un endroit tiède, à l'abri des courants d'air. Préchauffez le four à 210° (th. 7).

3 Épluchez et hachez les 2 gousses d'ail. Hachez les 200 g de tomates et mettez à cuire à feu doux pendant 12 minutes avec les 2 gousses d'ail, 2 cuillères à soupe d'huile d'olive et 1 cuillère à café de sucre en poudre. Lavez et égouttez les 200 g d'épinards.

4 Ébouillantez 2 minutes les 200 g d'épinards, égouttez-les soigneusement. Découpez les 120 g de mozzarella en tranches. Disposez les tomates et la mozzarella sur la pâte. Couvrez d'épinards. Salez et poivrez.

5 Mettez à cuire 12 minutes environ. Sortez la pizza du four et cassez les 2 œufs. Remettez à cuire 3 minutes environ. Poivrez généreusement et servez aussitôt la pizza.

Et si vous partiez pour un beau voyage gourmand sur les bords de l'Arno ? Cette recette typique de Florence va combler tous les gourmands.

Ingrédients (pour 4 à 6 personnes)

Pour la pâte :

- 250 g de farine de blé ordinaire tamisée
- 8 g de levure fraîche de boulanger
- 2 cuillères à soupe d'huile d'olive
- 10 cl d'eau tiède (25°)
- 1/2 cuillère à café de sel

Pour la garniture :

- 200 g de tomates pelées et concassées
- 2 gousses d'ail
- 200 g d'épinards frais
- 1 cuillère à café de sucre en poudre
- 120 g de mozzarella
- 2 œufs
- sel et poivre du moulin
- huile d'olive

VIN CONSEILLÉ

Un Vapolicella rouge.

Pizza *au chorizo*

›LE CHORIZO

Le chorizo est la star de la charcuterie espagnole. Assaisonné d'épices, d'ail, de sel et d'herbes aromatiques et parfois parfumé d'un peu de vin blanc, le chorizo est une excellente saucisse séchée célébrée dans toutes les cuisines régionales ibériques. Il existe nombre de recettes différentes, mais toutes comportent du piment, qui apporte parfum et couleur.

1 Délayez les 8 g de levure dans les 10 cl d'eau tiède. Versez les 250 g de farine et la levure diluée dans un saladier. Mélangez bien. Incorporez ensuite les 2 cuillères à soupe d'huile d'olive, la 1/2 cuillère à café de sel et pétrissez la pâte 10 minutes.

2 Couvrez la pâte d'un linge et laissez gonfler 45 minutes dans un endroit tiède, à l'abri des courants d'air. Pétrissez-la ensuite 5 minutes. Étalez la pâte sur une plaque de four huilée. Couvrez d'un linge et laissez reposer 45 minutes dans un endroit chaud.

3 Épluchez et hachez la gousse d'ail et l'oignon. Faites-les revenir durant quelques minutes dans une poêle. Ajoutez les 300 g de tomates, le brin de thym, 1 cuillère à soupe d'huile d'olive et laissez mijoter 15 minutes à couvert. Ôtez le thym.

4 Préchauffez le four à 210° (th. 7). Découpez les 40 g de tomme de brebis en lanières et les 150 g de saucisse en tranches fines. Couvrez la pâte de sauce tomate. Ajoutez les tranches de saucisse et les lanières de tomme de brebis. Mettez à cuire 15 à 20 minutes environ. Poivrez et servez aussitôt la pizza.

Avec cette recette très terroir, vous allez vraiment régaler votre tablée !

Ingrédients
(pour 4 à 6 personnes)

Pour la pâte :
- 250 g de farine de blé ordinaire tamisée
- 8 g de levure fraîche de boulanger
- 2 cuillères à soupe d'huile d'olive
- 10 cl d'eau tiède
- 1/2 cuillère à café de sel

Pour la garniture :
- 300 g de tomates concassées
- 150 g de saucisse sèche type chorizo
- 40 g de tomme de brebis
- 1 petit oignon
- 1 gousse d'ail
- 1 brin de thym
- poivre
- huile d'olive

VIN CONSEILLÉ

Servez un bon Chianti.

Pizza *au poulet et aux champignons*

›CONSEIL

Pour gagner du temps, vous pouvez très bien remplacer les champignons de Paris frais par des champignons crus surgelés. Achetez-les découpés en tranches : vous n'aurez plus qu'à les disposer directement sur la pizza avant de mettre au four. Pour relever les saveurs, vous pouvez éventuellement ajouter une petite pincée de piment doux en poudre.

1 Émiettez les 8 g de levure dans un bol avec les 10 cl d'eau tiède. Mélangez la levure diluée et les 250 g de farine dans un saladier, ajoutez les 2 cuillères à soupe d'huile d'olive, la 1/2 cuillère à café de sel et pétrissez une dizaine de minutes.

2 Couvrez la boule de pâte d'un linge et laissez gonfler dans un endroit chaud 45 minutes. Pétrissez la pâte quelques minutes. Étalez la pâte sur une plaque de four légèrement huilée. Couvrez d'un linge et laissez reposer dans un endroit chaud environ 45 minutes.

3 Faites dorer dans 1 cuillère à soupe d'huile d'olive l'ail et l'oignon hachés. Ajoutez les 250 g de tomates concassées, 1 cuillère à soupe d'huile d'olive, poivrez et laissez mijoter 10 à 12 minutes.

4 Découpez les 200 g de poulet en petits dés. Faites-les dorer dans une poêle avec 1 cuillère à soupe d'huile d'olive. Salez et poivrez. Nettoyez les 200 g de champignons et découpez-les en rondelles. Lavez et hachez le demi-poivron rouge.

5 Préchauffez le four à 210° (th. 7). Disposez la purée de tomates sur la pâte, couvrez de dés de poulet, de champignons et de poivron rouge. Mettez au four et laissez cuire environ 15 minutes.

Essayez cette recette alliant le moelleux de la volaille au fondant de la pulpe de tomates et des champignons de Paris. Une véritable petite merveille !

› **Ingrédients** (pour 4 à 6 personnes)

Pour la pâte :

- 250 g de farine de blé ordinaire tamisée
- 8 g de levure fraîche de boulanger
- 2 cuillères à soupe d'huile d'olive
- 10 cl d'eau tiède
- 1/2 cuillère à café de sel

Pour la garniture :

- 250 g de tomates cuites concassées
- 200 g de filets de poulet
- 200 g de champignons de Paris
- 1/2 poivron rouge
- 2 gousses d'ail hachées
- 1 oignon haché
- 4 cuillères à soupe d'huile d'olive
- sel et poivre

› **VIN CONSEILLÉ**

Un vin du Jura rouge ou blanc.

Préparation : 25 minutes | *Repos : 1 heure 30* | *Cuisson : 20 minutes* | *Réalisation : facile* | *Coût : assez cher*

Pizza
au provolone

› LE PROVOLONE

Le provolone est un délicieux fromage originaire du sud de l'Italie. Souvent préparé avec du lait de bufflonne, d'une jolie forme ovale, protégé par une enveloppe de cire, il se déguste frais ou fumé. Frais, il enrichit les sandwichs à base de charcuterie. Fumé ou simplement affiné, il se prête à toutes sortes de préparations de pâtes ou de pizzas.

1 Émiettez les 8 g de levure dans les 10 cl d'eau tiède. Versez les 250 g de farine et la levure délayée dans un saladier. Ajoutez les 2 cuillères à soupe d'huile d'olive, la 1/2 cuillère à café de sel. Pétrissez la pâte environ 10 minutes.

2 Formez une boule de pâte et mettez-la dans un plat creux. Couvrez d'un linge et laissez gonfler environ 45 minutes dans un endroit chaud à l'abri des courants d'air. Étalez la pâte sur une plaque de four huilée et farinée. Couvrez d'un linge et laissez reposer encore 45 minutes dans un endroit chaud.

3 Préchauffez le four à 210° (th. 7). Découpez le provolone en fines tranches. Découpez le talon de jambon en dés. Couvrez la pâte d'une couche de coulis de tomates. Disposez les tranches de provolone, les tranches de jambon cru et les dés de jambon cuit. Répartissez les olives et les câpres et ajoutez un filet d'huile d'olive.

4 Mettez à cuire environ 20 minutes. Ajoutez quelques gouttes d'huile d'olive et servez dès la sortie du four.

Cette véritable pizza à l'italienne vous séduira par le moelleux exceptionnel de sa garniture. Un joli cadeau gourmand à faire à vos amis !

Ingrédients
(pour 4 à 6 personnes)

Pour la pâte :

- 250 g de farine de blé ordinaire tamisée
- 8 g de levure fraîche de boulanger
- 2 cuillères à soupe d'huile d'olive
- 10 cl d'eau tiède
- 1/2 cuillère à café de sel

Pour la garniture :

- 1 talon de jambon cuit
- 150 g de jambon cru coupé en fines tranches
- 200 g de provolone fumé
- 120 g de coulis de tomates
- 1 cuillère à soupe de câpres
- une douzaine d'olives noires
- huile d'olive

VIN CONSEILLÉ

Servez avec un vin rouge de la région bordelaise.

Pizza *au thon frais*

›TOUR DE MAIN

Pour faciliter votre organisation, vous pouvez très bien préparer votre pâte 2 à 3 heures à l'avance, l'étaler et la garnir. Vous la couvrirez ensuite de film alimentaire et la déposerez au réfrigérateur. Il vous suffira ainsi de mettre la pizza à cuire à l'arrivée de vos invités.

1 Émiettez les 8 g de levure dans les 10 cl d'eau tiède. Versez les 250 g de farine dans un saladier, ajoutez la levure délayée, les 2 cuillères à soupe d'huile, la 1/2 cuillère à café de sel et pétrissez la pâte.

2 Formez une boule de pâte, mettez-la dans un plat creux huilé. Couvrez d'un linge et laissez reposer 45 minutes dans un endroit chaud à l'abri des courants d'air. Travaillez la pâte quelques instants, puis étalez-la sur une plaque de four couverte de papier sulfurisé. Couvrez d'un linge et laissez reposer encore 45 minutes dans un endroit chaud.

3 Poêlez les 400 g de thon environ 8 minutes. Faites chauffer les 200 g de tomates dans une casserole avec 1 cuillère à soupe d'huile d'olive,la cuillère à café de thym et le laurier. Émiettez le thon et ajoutez-le dans la casserole. Faites mijoter 5 minutes.

4 Répartissez le mélange tomates-thon sur la pâte étalée. Ajoutez les olives. Préchauffez le four à 210° (th. 7). Mettez à cuire environ 15 minutes. Servez aussitôt la pizza, en y ajoutant quelques gouttes d'huile d'olive.

Que diriez-vous d'une bonne pizza à la pâte fine et légère et au délicieux croustillant ?

Ingrédients
(pour 4 à 6 personnes)

Pour la pâte :
- ✓ 250 g de farine de blé ordinaire tamisée
- ✓ 8 g de levure fraîche de boulanger
- ✓ 2 cuillères à soupe d'huile d'olive
- ✓ 10 cl d'eau tiède
- ✓ 1/2 cuillère à café de sel

Pour la garniture :
- ✓ 400 g de thon frais
- ✓ 200 g de tomates concassées
- ✓ 1 cuillère à café de thym
- ✓ 1 feuille de laurier
- ✓ 8 olives noires
- ✓ huile d'olive

VIN CONSEILLÉ

Servez un vin rosé de Provence.

Pizza
aux courgettes

›VARIANTE

Vous pouvez enrichir votre pizza aux courgettes en ajoutant sur la garniture du parmesan râpé ou du gruyère râpé. Vous pouvez aussi incorporer des pignons de pins et les disposer sur les courgettes et la mozzarella après les avoir fait griller dans une poêle. C'est excellent !

›ASTUCE

Utilisez une huile d'olive parfumée pour vos pizzas. Pour cela, il vous suffit de déposer 2 ou 3 petits piments secs et une branche de thym soigneusement séchée au soleil dans une bouteille remplie d'une bonne huile d'olive extra-vierge, première pression à froid. Fermez la bouteille et rangez-la dans un endroit sec, à l'abri de la chaleur. Laissez reposer environ 15 jours avant d'utiliser votre huile.

1 Émiettez les 8 g de levure dans un bol avec 10 cl d'eau tiède. Versez les 250 g de farine dans un saladier, creusez un puits et versez la levure délayée. Mélangez bien.

2 Ajoutez les 2 cuillères à soupe d'huile d'olive, la 1/2 cuillère à café de sel et travaillez la pâte pendant 10 minutes. Roulez la pâte en boule, couvrez-la d'un linge et laissez-la gonfler 45 minutes dans un endroit tiède, à l'abri des courants d'air. Pétrissez encore la pâte pendant 5 minutes.

3 Étalez la pâte à l'aide d'un rouleau sur une plaque de four huilée. Couvrez à nouveau d'un linge et laissez reposer 45 minutes dans un endroit tiède, à l'abri des courants d'air. Après ce temps de repos, préchauffez le four à 210° (th. 7).

4 Lavez les 800 g de courgettes et découpez-les en rondelles épaisses. Épluchez les 2 gousses d'ail et découpez-les en très fines rondelles. Faites chauffer 2 cuillères à soupe d'huile d'olive et mettez à dorer les courgettes. Poivrez et saupoudrez d'une pincée de thym.

5 Découpez les 200 g de mozzarella en tranches. Disposez les courgettes sur la pâte étalée et couvrez de mozzarella. Répartissez les fines rondelles d'ail et les 12 olives noires, assaisonnez et arrosez d'huile d'olive. Mettez au four pendant 15 minutes environ.

Parfaite pour un déjeuner d'été, cette pizza fraîcheur aux doux parfums de la garrigue comblera une tablée d'amis. Courgettes, olives, thym...

› **Ingrédients** (pour 4 à 6 personnes)

Pour la pâte :
- ✓ 250 g de farine de blé ordinaire tamisée
- ✓ 8 g de levure fraîche de boulanger
- ✓ 2 cuillères à soupe d'huile d'olive
- ✓ 10 cl d'eau tiède (25°)
- ✓ 1/2 cuillère à café de sel

Pour la garniture :
- ✓ 800 g de courgettes
- ✓ 200 g de mozzarella
- ✓ 2 gousses d'ail
- ✓ 12 olives noires
- ✓ 1 cuillère à soupe de thym
- ✓ sel et poivre du moulin
- ✓ huile d'olive

›VIN CONSEILLÉ

Servez un vin rosé du pays d'Oc (Cabernet).

Préparation : 35 minutes | Repos : 1 heure 30 | Cuisson : 15 minutes | Réalisation : facile | Coût : assez cher

Pizza *aux deux poivrons*

›ASTUCE

Amusez-vous à parfumer votre pâte à pizza en ajoutant 1 cuillère à soupe de thym ou d'origan séché dans la pâte à pizza. Pour rendre votre pâte encore plus croustillante, vous pouvez aussi ajouter 1 cuillère à soupe de semoule de blé fine avec la farine. Pour une cuisson parfaite, utilisez une plaque à pizza au fond perforé. La pâte sera ainsi moelleuse et craquante comme celle d'une vraie pizza italienne !

1 Émiettez les 8 g de levure dans un bol avec 10 cl d'eau tiède. Versez les 250 g de farine dans un saladier, creusez un puits et versez la levure diluée. Mélangez bien. Incorporez les 2 cuillères à soupe d'huile d'olive, la 1/2 cuillère à café de sel et pétrissez la pâte 10 minutes.

2 Roulez la pâte en une boule, couvrez-la d'un linge et laissez-la gonfler 45 minutes dans un endroit tiède, à l'abri des courants d'air. Ensuite pétrissez-la 5 minutes. Étalez la pâte à l'aide d'un rouleau sur une plaque de four huilée. Couvrez de nouveau d'un linge et laissez reposer 45 minutes dans un endroit tiède, à l'abri des courants d'air. Après ce temps de repos, préchauffez le four à 210° (th. 7).

3 Hachez les 300 g de tomates et pressez le jus avec les mains. Mettez l'oignon et les poivrons à dorer dans 2 cuillères à soupe d'huile d'olive, ajoutez les tomates, la cuillère à soupe de câpres, la cuillère à café de sucre en poudre et 1 pincée de sel.

4 Disposez la garniture sur la pâte étalée. Répartissez les 12 olives noires. Versez un filet d'huile d'olive. Mettez à four chaud pendant 15 minutes environ. Poivrez et servez aussitôt la pizza.

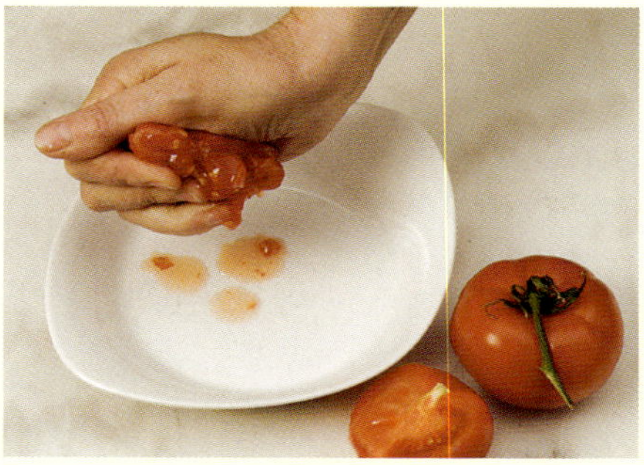

Idéale pour une soirée chaleureuse entre copains, elle égaiera votre table de ses saveurs joyeusement relevées et piquantes.

Ingrédients (pour 4 à 6 personnes)

Pour la pâte :
- ✓ 250 g de farine de blé ordinaire tamisée
- ✓ 8 g de levure fraîche de boulanger
- ✓ 2 cuillères à soupe d'huile d'olive
- ✓ 10 cl d'eau tiède (25°)
- ✓ 1/2 cuillère à café de sel

Pour la garniture :
- ✓ 300 g de tomates pelées et concassées
- ✓ 1 cuillère à soupe de câpres
- ✓ 1 poivron rouge et 1 poivron jaune en lanières
- ✓ 1 oignon haché
- ✓ 12 olives noires
- ✓ 1 cuillère à café de sucre en poudre
- ✓ sel et poivre du moulin
- ✓ huile d'olive

VIN CONSEILLÉ

Servez un rosé de Provence.

Pizza *aux lardons*

1 Émiettez les 8 g de levure dans un bol avec 10 cl d'eau tiède. Versez les 250 g de farine dans un saladier, creusez un puits et versez la levure diluée. Mélangez bien. Incorporez les 2 cuillères d'huile d'olive, la 1/2 cuillère à café de sel et pétrissez la pâte pendant 10 minutes.

2 Roulez la pâte en une boule, couvrez-la d'un linge et laissez-la gonfler 45 minutes dans un endroit tiède, à l'abri des courants d'air. Pétrissez la pâte 4 à 5 minutes. Étalez la pâte avec un rouleau à pâtisserie, puis disposez-la sur une plaque de four légèrement huilée. Couvrez d'un linge et laissez reposer 45 minutes dans un endroit tiède, à l'abri des courants d'air.

3 Préchauffez le four à 210° (th. 7). Hachez grossièrement les 300 g de tomates. Épluchez les 3 gousses d'ail. Épluchez et hachez l'oignon. Faites chauffer 2 cuillères à soupe d'huile et faites revenir l'oignon haché dans une poêle. Poivrez et salez légèrement. Versez les tomates, les 3 gousses d'ail, le morceau de lard fumé et le bouquet garni, 1 cuillère à café de sucre et laissez mijoter 25 minutes environ.

4 Ôtez le bouquet garni et les gousses d'ail de la sauce tomate. Disposez la garniture de tomates sur la pâte. Couvrez des 120 g de lardons. Parsemez d'olives. Versez un filet d'huile d'olive.

5 Mettez à four chaud pendant 20 minutes environ. Poivrez généreusement à la sortie du four. Servez aussitôt la pizza.

Variez les plaisirs ! Avec cette pizza enrichie aux petits lardons, vous allez régaler tous les amateurs de bonne cochonnaille !

Ingrédients (pour 4 à 6 personnes)

Pour la pâte :

- 250 g de farine de blé tamisée
- 8 g de levure fraîche de boulanger
- 2 cuillères à soupe d'huile d'olive
- 10 cl d'eau tiède
- 1/2 cuillère à café de sel

Pour la garniture :

- 300 g de tomates pelées
- 1 morceau de lard fumé (50 g)
- 120 g de lardons
- 40 g d'olives noires
- sel et poivre du moulin
- 3 gousses d'ail
- 1 cuillère à café de sucre en poudre
- 1 oignon
- 1 bouquet garni
- huile d'olive

VIN CONSEILLÉ

Un Côtes-du-Roussillon.

Préparation : 25 minutes | *Repos : 1 heure 30* | *Cuisson : 15 minutes* | *Réalisation : facile* | *Coût : assez cher*

Pizza *aux légumes croquants*

›CONSEIL

Vous pouvez remettre votre pizza aux légumes croquants 3 minutes au four avant de la présenter à table. Le parmesan et les olives seront tiédis et développeront au mieux leurs arômes. Si vous n'avez pas de plaque spéciale pour cuire votre pizza, une simple plaque de tôle fine fera très bien l'affaire.

1 Émiettez les 8 g de levure dans les 10 cl d'eau tiède. Versez dans un saladier les 250 g de farine de blé et la levure délayée. Ajoutez les 2 cuillères à soupe d'huile d'olive et la 1/2 cuillère à café de sel. Pétrissez la pâte pendant 10 minutes.

2 Formez une boule de pâte, mettez-la dans un plat creux huilé. Couvrez d'un linge et laissez gonfler 45 minutes dans un endroit chaud à l'abri des courants d'air. Étalez la pâte et posez-la sur une plaque de four légèrement farinée. Couvrez d'un linge et laissez reposer encore 45 minutes dans un endroit chaud. Préchauffez le four à 210° (th. 7).

3 Rincez le cœur de scarole et les 1/2 poivrons. Essuyez-les et découpez en lanières. Plongez les lanières de scarole rapidement dans une casserole d'eau bouillante, passez ensuite sous un filet d'eau fraîche et égouttez. Épluchez et hachez la gousse d'ail.

4 Faites chauffer 1 cuillère à soupe d'huile d'olive. Faites dorer la gousse d'ail hachée, puis ajoutez les lanières de scarole. Laissez revenir 2 minutes. Ajoutez les lanières de poivron et la pincée de piment. Salez et poivrez et faites revenir 3 à 4 minutes. Ôtez du feu.

5 Badigeonnez le dessus de la pâte d'un peu d'huile d'olive et d'eau avec un pinceau. Mettez à cuire 15 minutes. Garnissez la pizza des légumes croquants. Détaillez le parmesan avec un couteau éplucheur et répartissez-le sur la pizza. Ajoutez les olives. Servez aussitôt.

Voici une pizza toute simple ; poivron, olives, salade fraîche du jardin, parmesan... Un vrai bonheur à partager.

Ingrédients
(pour 4 à 6 personnes)

Pour la pâte :
- 250 g de farine de blé ordinaire tamisée
- 8 g de levure fraîche de boulanger
- 2 cuillères à soupe d'huile d'olive
- 10 cl d'eau tiède
- 1/2 cuillère à café de sel

Pour la garniture :
- 1 cœur de salade (scarole)
- 1/2 poivron rouge
- 1/2 poivron jaune
- une douzaine d'olives noires
- 20 g de parmesan
- 1 gousse d'ail
- 1 pincée de piment en poudre
- huile d'olive
- sel et poivre du moulin

VIN CONSEILLÉ

Un coteaux d'Aix-en Provence rosé.

Pizza
aux légumes grillés

›AU MARCHÉ

Pour réussir parfaitement votre pizza aux légumes grillés, choisissez des produits de saison très frais. Privilégiez les tomates olivettes, qui sont plus fermes et donc plus faciles à découper en rondelles et qui tiennent mieux à la cuisson. Vous pouvez utiliser un oignon blanc ou, pourquoi pas, un oignon rouge, encore plus parfumé.

1 Émiettez les 8 g de levure dans un bol avec 10 cl d'eau tiède. Versez les 250 g de farine dans un saladier et la levure diluée. Mélangez bien. Incorporez les 2 cuillères à soupe d'huile d'olive, la 1/2 cuillère à café de sel et pétrissez la pâte pendant 10 minutes. Formez une boule de pâte, mettez-la dans un plat creux légèrement huilé. Couvrez d'un linge et laissez reposer 45 minutes dans un endroit chaud.

2 Pétrissez de nouveau la pâte pendant 5 minutes. Étalez-la sur une plaque de four huilée. Couvrez d'un linge et laissez dans un endroit chaud 45 minutes. Préchauffez le four à 210° (th. 7).

3 Lavez la courgette et les tomates, découpez-les en rondelles. Épluchez l'oignon et découpez-le en tranches. Mettez le tout sur une plaque de four, salez, poivrez, arrosez d'huile et faites cuire 30 minutes.

4 Lavez les feuilles de basilic, essuyez-les et hachez-les. Découpez les 250 g de mozzarella en cubes. Disposez les légumes grillés sur la pâte. Ajoutez les cubes de mozzarella, les brins de thym. Poivrez et répandez dessus les feuilles de basilic haché. Mettez à cuire environ 15 à 25 minutes. Sortez du four, arrosez d'un peu d'huile d'olive et servez.

La pizza aux légumes grillés, c'est la pizza qui fera le bonheur de tous ! Ses qualités hautement diététiques combleront les convives soucieux de leur ligne.

Ingrédients
(pour 4 à 6 personnes)

Pour la pâte :

- ✓ 250 g de farine de blé ordinaire tamisée
- ✓ 8 g de levure fraîche de boulanger
- ✓ 2 cuillères à soupe d'huile d'olive
- ✓ 10 cl d'eau tiède
- ✓ 1/2 cuillère à café de sel

Pour la garniture :

- ✓ 1 courgette
- ✓ 4 tomates
- ✓ 1 oignon
- ✓ quelques brins de thym
- ✓ 250 g de mozzarella
- ✓ 1 cuillère à soupe de feuilles de basilic
- ✓ huile d'olive
- ✓ sel et poivre du moulin

VIN CONSEILLÉ

Servez un Côte-du-Luberon.

Pizza *aux oignons*

›TOUR DE MAIN

Si vous avez la chance d'avoir un four à bois traditionnel, profitez-en ! Sinon, une cuisson au four électrique ou à gaz sera tout aussi réussie. Attention, pour que la pâte reste croustillante, le four doit être parfaitement préchauffé. Il existe dans le commerce d'excellents moules à pizza dont le fond est perforé. Cela permet à l'excès d'humidité de s'évaporer et la pâte est ainsi dorée et craquante.

1 Émiettez les 8 g de levure dans un bol avec 10 cl d'eau tiède. Versez les 250 g de farine dans un saladier, creusez un puit et versez la levure diluée. Mélangez bien. Incorporez les 2 cuillères à soupe d'huile d'olive, la 1/2 cuillère à café de sel et pétrissez pendant 10 minutes. Roulez la pâte, qui doit être lisse et élastique, en une boule, couvrez-la d'un linge et laissez-la gonfler 45 minutes dans un endroit tiède, à l'abri des courants d'air. Pétrissez-la 5 minutes.

2 Étalez la pâte à l'aide d'un rouleau sur une plaque de four huilée. Couvrez de nouveau d'un linge et laissez reposer 45 minutes dans un endroit tiède, à l'abri des courants d'air. Après ce temps de repos, préchauffez le four à 210° (th. 7).

3 Mettez à cuire à feu doux les tomates égouttées pendant 12 minutes avec les 2 gousses d'ail et 2 cuillères à soupe d'huile d'olive, la feuille de laurier, 1 cuillère à café de sucre en poudre et 1 pincée de sel. Épluchez et hachez les 3 oignons et faites revenir dans une poêle avec 1 cuillère à soupe d'huile d'olive.

4 Découpez les 100 g de mozzarella en tranches. Disposez les tomates et les oignons hachés sur la pâte. Répartissez les tranches de mozzarella. Ajoutez les 6 filets d'anchois, puis disposez les 12 olives noires. Versez un filet d'huile d'olive. Saupoudrez de la 1/2 cuillère à café de thym. Mettez à four chaud pendant 15 minutes environ. Donnez un tour de moulin et servez aussitôt la pizza.

Vous revenez d'une longue promenade en montagne ? Alors préparez cette pizza revigorante qui saura mettre de la bonne humeur autour de la table.

Ingrédients
(pour 4 à 6 personnes)

Pour la pâte :
- 250 g de farine de blé
- 8 g de levure fraîche de boulanger
- 2 cuillère à soupe d'huile d'olive
- 10 cl d'eau tiède (25°)
- 1/2 cuillère à café de sel

Pour la garniture :
- 200 g de tomates pelées et concassées
- 3 oignons
- 2 gousses d'ail
- 100 g de mozzarella
- 6 filets d'anchois
- 12 olives noires
- 1/2 cuillère à café de thym
- 1 cuillère à café de sucre en poudre
- sel et poivre du moulin
- 1 feuille de laurier
- huile d'olive

VIN CONSEILLÉ

Servez un bon Chianti.

Préparation : 25 minutes | *Repos : 1 heure 30* | *Cuisson : 20 minutes* | *Réalisation : facile* | *Coût : assez cher*

Pizza
aux pommes de terre

› LE PIMENT

Le piment est originaire d'Amérique. Ramené en Europe par les Espagnols, on le cultive aujourd'hui un peu partout dans le monde. Si vous aimez les sensations fortes, vous utiliserez un piment fort comme le piment oiseau ou le très piquant piment Habanero... Ou si vous préférez les saveurs moins violentes, optez pour du piment doux, rouge ou vert.

1 Délayez les 8 g de levure dans les 10 cl d'eau tiède. Versez les 250 g de farine dans un saladier et la levure diluée. Mélangez bien. Incorporez les 2 cuillères à soupe d'huile d'olive, la 1/2 cuillère à café de sel et pétrissez la pâte pendant 10 minutes.

2 Couvrez la pâte d'un linge et laissez gonfler 45 minutes dans un endroit tiède, à l'abri des courants d'air. Pétrissez-la ensuite 5 minutes. Étalez la pâte sur une plaque de four huilée. Couvrez d'un linge et laissez reposer 45 minutes dans un endroit chaud.

3 Épluchez et hachez les 2 gousses d'ail et les 2 oignons. Faites-les revenir durant quelques minutes dans une poêle. Ajoutez les 200 g de tomates, sel et poivre, 1 cuillère à soupe d'huile d'olive et laissez mijoter 15 minutes à couvert.

4 Préchauffez le four à 210° (th. 7). Épluchez les pommes de terre et coupez-les en rondelles fines. Couvrez la pâte de sauce tomate. Ajoutez les rondelles de pommes de terre et saupoudrez des 2 pincées de piment. Mettez à cuire 15 à 20 minutes environ. Saupoudrez la pizza avec les 2 cuillères à soupe de persil haché et servez-la aussitôt.

Ce soir, vous allez faire plaisir aux enfants en leur préparant cette pizza enrichie de tomates et de fines tranches de pommes de terre.

Ingrédients
(pour 4 à 6 personnes)

Pour la pâte :
- ✓ 250 g de farine de blé ordinaire tamisée
- ✓ 8 g de levure fraîche de boulanger
- ✓ 2 cuillères à soupe d'huile d'olive
- ✓ 10 cl d'eau tiède
- ✓ 1/2 cuillère à café de sel

Pour la garniture :
- ✓ 200 g de tomates concassées
- ✓ 3 belles pommes de terre cuites à l'eau
- ✓ 2 cuillères à soupe de persil haché
- ✓ 2 oignons
- ✓ 2 gousses d'ail
- ✓ 2 pincées de piment en poudre
- ✓ sel et poivre
- ✓ huile d'olive

VIN CONSEILLÉ

Un bourgueil rouge.

Pizza *aux trois fromages*

1 Émiettez les 8 g de levure dans un bol avec 10 cl d'eau tiède. Versez les 250 g de farine sur un plan de travail, creusez un puit et versez la levure diluée. Mélangez bien. Incorporez les 2 cuillères à soupe d'huile d'olive, la 1/2 cuillère à café de sel et pétrissez la pâte pendant 10 minutes.

2 Roulez la pâte en une boule, couvrez-la d'un linge et laissez-la gonfler 45 minutes dans un endroit tiède, à l'abri des courants d'air. Pétrissez-la 5 minutes. Étalez la pâte à l'aide d'un rouleau sur une plaque de four huilée. Couvrez de nouveau d'un linge et laissez reposer 45 minutes dans un endroit tiède, à l'abri des courants d'air.

3 Préchauffez le four à 210° (th. 7). Découpez les 125 g de mozzarella en tranches un peu épaisses. Détaillez les 125 g de gorgonzola en petites tranches.

4 Disposez les 250 g de tomates sur la pâte. Couvrez de tranches de mozzarella et de tranches de gorgonzola, puis saupoudrez des 50 g de parmesan râpé. Versez un filet d'huile d'olive. Mettez à four chaud pendant 20 minutes environ. Poivrez généreusement à la sortie du four. Servez la pizza dès la sortie du four ou bien froide.

› TOUR DE MAIN

Gagnez du temps et préparez votre pâte à pizza à l'avance. Roulez-la en boule, puis enveloppez-la dans un sac à congélation et gardez-la dans votre congélateur. Vous pourrez l'utiliser à la première occasion. Veillez toutefois à la sortir du congélateur au moins 2 h à l'avance. Laissez-la reposer à température ambiante avant de l'étaler au rouleau sur un plan de travail fariné, puis de la garnir et de la cuire.

Un vrai plat généreux et équilibré qui sent bon l'Italie.

› Ingrédients (pour 4 à 6 personnes)

Pour la pâte :
- ✓ 250 g de farine de blé ordinaire tamisée
- ✓ 8 g de levure fraîche de boulanger
- ✓ 2 cuillères à soupe d'huile d'olive
- ✓ 10 cl d'eau tiède
- ✓ 1 cuillère à café de sel

Pour la garniture :
- ✓ 250 g de tomates pelées et concassées
- ✓ 125 g de mozzarella
- ✓ 125 g de gorgonzola
- ✓ 50 g de parmesan râpé
- ✓ 40 g d'olives noires
- ✓ sel et poivre du moulin
- ✓ huile d'olive

› VIN CONSEILLÉ

Servez un vin rouge italien (un Bardolino ou un Valpolicella).

Préparation : 20 minutes | Repos : 1 heure 30 | Cuisson : 20 minutes | Réalisation : facile | Coût : assez cher

Pizza
aux trois tomates

› LA TOMATE

La tomate se prête particulièrement bien à toutes les méthodes de conservation. Elle s'apprécie aussi bien séchée longuement au soleil que stérilisée en bocal hermétique. Alors n'hésitez pas à confectionner vous-même vos conserves de tomates à la belle saison ! Vous ne le regretterez pas !

1 Émiettez les 8 g de levure dans 8 cl d'eau tiède. Versez les 250 g de farine dans un saladier, ajoutez la levure délayée, les 4 cuillères à soupe d'huile d'olive, le thym et la 1/2 cuillère à café de sel. Pétrissez la pâte pendant 8 à 10 minutes.

2 Formez une boule de pâte, mettez-la dans un plat creux huilé. Couvrez d'un linge et laissez gonfler 45 minutes dans un endroit tiède à l'abri des courants d'air. Pétrissez la pâte 5 minutes. Étalez-la sur une plaque de four huilée et farinée. Couvrez d'un linge et laissez reposer 45 minutes dans un endroit tiède.

3 Rincez les tomates, essuyez-les, ôtez le pédoncule et découpez-les en tranches. Préchauffez le four à 180° (th. 6).

4 Couvrez la pâte avec le coulis de tomates, parsemez de brins de romarin, disposez les tranches de tomates, les tomates à l'huile et les olives. Salez. Mettez à cuire environ 20 minutes. À la sortie du four, poivrez et arrosez de quelques gouttes d'huile d'olive. Servez aussitôt.

Ambiance italienne chez vous ce soir avec cette superbe pizza enrichie de tomates. Les goûts se déclinent et s'enrichissent pour le plus grand plaisir de votre palais !

› **Ingrédients**
(pour 4 à 6 personnes)

Pour la pâte :
- ✓ 250 g de farine de blé ordinaire tamisée
- ✓ 8 g de levure fraîche de boulanger
- ✓ 4 cuillères à soupe d'huile d'olive
- ✓ 8 cl d'eau tiède
- ✓ 1/2 cuillère à café de sel

Pour la garniture :
- ✓ 1 cuillère à café de thym
- ✓ 200 g de coulis de tomates
- ✓ 5 tomates olivettes
- ✓ quelques tomates séchées à l'huile
- ✓ quelques brins de romarin
- ✓ une douzaine d'olives noires
- ✓ huile d'olive
- ✓ sel et poivre du moulin

›VIN CONSEILLÉ

Servez un côte-du-Rhône.

Pizza *bolognaise*

1 Délayez dans un bol les 8 g de levure dans les 10 cl d'eau tiède. Versez les 250 g de farine et la levure diluée dans un saladier. Ajoutez les 2 cuillères à soupe d'huile d'olive et la cuillère à café de sel. Pétrissez la pâte environ 10 minutes.

2 Formez une boule de pâte. Couvrez-la d'un linge et laissez-la gonfler environ 45 minutes dans un endroit chaud. Travaillez la pâte 3 à 4 minutes. Couvrez d'un linge et laissez environ 45 minutes dans un endroit chaud. Rincez les feuilles de basilic et essuyez-les dans un linge. Hachez-les. Préchauffez le four à 210° (th. 7).

3 Épluchez et hachez l'ail et l'oignon. Faites chauffer une cuillère à soupe d'huile d'olive dans une poêle. Faites revenir quelques instants l'ail et l'oignon hachés. Mettez le bœuf haché, salez et poivrez. Ajoutez 3 cuillères à soupe de tomates concassées.

4 Étalez la pâte sur une plaque de four légèrement farinée. Couvrez avec le reste de tomates concassées et les feuilles de basilic hachées. Ajoutez le bœuf haché. Salez légèrement et poivrez. Parsemez de gruyère râpé et disposez les olives. Mettez à four chaud environ 20 minutes. Servez dès la sortie du four.

Bœuf et basilic, gruyère et olives noires, une bonne sauce tomate... Voilà pour la garniture de cette belle italienne, célèbre dans le monde entier.

Ingrédients (pour 4 à 6 personnes)

Pour la pâte :
- ✓ 250 g de farine de blé ordinaire tamisée
- ✓ 8 g de levure fraîche de boulanger
- ✓ 2 cuillères à soupe d'huile d'olive
- ✓ 10 cl d'eau tiède
- ✓ 1 cuillère à café de sel

Pour la garniture :
- ✓ 200 g de tomates concassées
- ✓ 1 oignon
- ✓ 200 g de steak haché
- ✓ 120 g de gruyère râpé
- ✓ 8 olives noires
- ✓ quelques feuilles de basilic
- ✓ 1 gousse d'ail
- ✓ huile d'olive
- ✓ sel et poivre du moulin

VIN CONSEILLÉ

Servez un bon Chianti.

La pizza *calabraise*

› VARIANTE

Vous pouvez ajouter une cuillère à soupe de semoule de blé fine à votre pâte pour lui donner un croustillant supplémentaire. Par ailleurs, une petite gousse d'ail finement hachée et une pincée de piment en poudre donneront à votre pizza un petit piquant supplémentaire.

1 Émiettez les 8 g de levure dans les 10 cl d'eau tiède. Versez les 250 g de farine de blé dans un saladier, creusez un puits et ajoutez la levure délayée. Mélangez bien. Incorporez les 2 cuillères à soupe d'huile d'olive, la 1/2 cuillère à café de sel. Pétrissez la pâte pendant 10 minutes. Formez une boule, mettez-la dans un plat creux huilé, couvrez d'un linge et laissez gonfler 45 minutes dans un endroit chaud à l'abri des courants d'air.

2 Étalez la pâte et posez-la sur une plaque de four couverte de papier sulfurisé. Couvrez d'un linge et laissez reposer 45 minutes dans un endroit chaud. Préchauffez le four à 210° (th. 7).

3 Rincez et essuyez l'aubergine. Découpez-la en rondelles. Faites chauffer 1 cuillère à soupe d'huile d'olive dans une poêle. Faites dorer des deux côtés puis épongez dans un papier essuie-tout. Épluchez et hachez l'oignon. Faites dorer dans la poêle.

4 Mettez une couche de tomates hachées et égouttées. Ajoutez les rondelles d'aubergine, l'oignon haché et un peu d'origan. Découpez les 40 g de mozzarella et répartissez sur la pizza. Ajoutez les 80 g de parmesan râpé. Mettez à cuire environ 20 minutes. Ajoutez un filet d'huile d'olive et poivrez au moment de servir.

En Calabre, dans la région de Cosenzo, on pratique depuis l'Antiquité une cuisine simple et raffinée. Cette recette est un pur enchantement.

› *Ingrédients* (*pour 4 personnes*)

Pour la pâte :
- ✓ 250 g de farine de blé
- ✓ 8 g de levure fraîche de boulanger
- ✓ 2 cuillères à soupe d'huile d'olive
- ✓ 10 cl d'eau tiède
- ✓ 1/2 cuillère à café de sel

Pour la garniture :
- ✓ 250 g de tomates pelées et hachées
- ✓ 1 aubergine
- ✓ 80 g de parmesan râpé
- ✓ 40 g de mozzarella
- ✓ 1 oignon
- ✓ origan
- ✓ huile d'olive
- ✓ 1/2 cuillère à café de sel
- ✓ poivre du moulin

›VIN CONSEILLÉ

Servez un Montloire blanc, vin de Touraine.

Préparation : 25 minutes | *Repos : 1 heure 30* | *Cuisson : 15 minutes* | *Réalisation : facile* | *Coût : assez cher*

Pizza *câpres et anchois*

› CONSEIL

Les olives noires conviennent mieux que les vertes pour cette recette, car ces dernières apporteraient une légère note d'amertume à la pizza. Si vous utilisez des anchois au sel, pensez à les rincer soigneusement puis à les égoutter et à les éponger avant de les disposer sur la pizza.

1 Émiettez les 8 g de levure dans les 10 cl d'eau tiède. Versez dans un saladier les 250 g de farine de blé et la levure délayée. Ajoutez les 2 cuillères à soupe d'huile d'olive, la pincée de sucre en poudre et la 1/2 cuillère à café de sel. Pétrissez la pâte pendant 10.

2 Formez une boule de pâte et mettez-la dans un plat creux huilé. Couvrez d'un linge et laissez gonfler 45 minutes dans un endroit chaud à l'abri des courants d'air. Étalez la pâte et posez-la sur une plaque de four couverte de papier sulfurisé. Couvrez d'un linge et laissez reposer encore 45 minutes dans un endroit chaud. Préchauffez le four à 210° (th. 7).

3 Plongez les oignons grelots 1 minute dans une casserole d'eau bouillante puis égouttez-les. Mettez une couche de purée de tomates sur la pâte. Découpez les 120 g de mozzarella en fines tranches.

4 Disposez les tranches de mozzarella sur la pizza. Répartissez les 6 anchois en étoile en partant du centre. Ajoutez les 6 oignons grelots, les 8 olives noires et les 12 câpres. Saupoudrez d'origan. Mettez à cuire environ 15 minutes. Ajoutez un filet d'huile d'olive et servez dès la sortie du four.

Vous allez raffoler du goût unique de cette pizza préparée selon les règles de la tradition italienne.

Ingrédients
(pour 4 à 6 personnes)

Pour la pâte :
- ✓ 250 g de farine de blé ordinaire tamisée
- ✓ 8 g de levure fraîche de boulanger
- ✓ 2 cuillères à soupe d'huile d'olive
- ✓ 10 cl d'eau tiède
- ✓ 1 pincée de sucre en poudre
- ✓ 1/2 cuillère à café de sel

Pour la garniture :
- ✓ 200 g de purée de tomates
- ✓ 120 g de mozzarella
- ✓ 6 anchois
- ✓ 12 câpres au vinaigre
- ✓ 6 petits oignons grelots
- ✓ 8 olives noires
- ✓ 1 cuillère à soupe d'origan
- ✓ huile d'olive

VIN CONSEILLÉ

Servez un bandol blanc.

Pizza *César*

›ASTUCE

Pour gagner du temps, utilisez une concassée de tomates en boîte. Dans ce cas, ajoutez une petite pincée de sucre en poudre et un peu de thym pour relever les saveurs. Vous pouvez aussi choisir une huile d'olive parfumée au thym ou au basilic pour relever l'ensemble. Ajoutez éventuellement un peu de parmesan et de gruyère râpé sur la pizza.

1 Délayez les 8 g de levure dans les 10 cl d'eau tiède. Versez les 250 g de farine et la levure diluée dans un saladier. Mélangez bien. Incorporez ensuite les 2 cuillères à soupe d'huile d'olive, la 1/2 cuillère à café de sel et pétrissez la pâte 10 minutes. Couvrez la pâte d'un linge et laissez gonfler 45 minutes dans un endroit tiède, à l'abri des courants d'air. Pétrissez-la ensuite pendant 5 minutes.

2 Épluchez et hachez la gousse d'ail et l'oignon. Nettoyez les 150 g de champignons et émincez-les. Faites-les cuire avec l'ail et l'oignon hachés durant quelques minutes dans une poêle. Faites cuire les chipolatas dans une deuxième poêle. Laissez tiédir et découpez les chipolatas en rondelles. Préchauffez le four à 210° (th. 7).

3 Étalez la pâte sur une plaque de four huilée. Couvrez avec les 300 g de tomates concassées. Ajoutez le mélange champignons, oignons et ail, ainsi que les olives. Disposez les rondelles de chipolatas. Ôtez la coquille des œufs et découpez-les en tranches, que vous disposez sur la pizza.

4 Mettez à cuire 15 à 20 minutes environ. Poivrez généreusement et servez aussitôt la pizza.

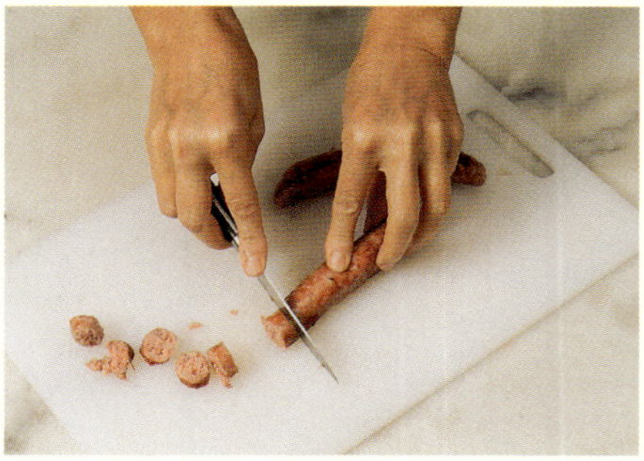

Les enfants vont adorer votre pizza César ! Futée, elle allie les classiques tomates et champignons à de fines petites rondelles de chipolatas.

Ingrédients (pour 4 à 6 personnes)

Pour la pâte :
- 250 g de farine de blé ordinaire tamisée
- 8 g de levure fraîche de boulanger
- 2 cuillères à soupe d'huile d'olive
- 10 cl d'eau tiède
- 1/2 cuillère à café de sel

Pour la garniture :
- 300 g de tomates concassées
- 1 petit oignon
- 1 gousse d'ail
- 150 g de champignons de Paris
- 2 œufs durs
- 120 g de chipolatas
- quelques olives
- sel et poivre
- huile d'olive

VIN CONSEILLÉ

Un bandol rosé.

Préparation : 20 minutes | *Repos : 1 heure 30* | *Cuisson : 35 minutes* | *Réalisation : facile* | *Coût : assez cher*

Pizza *des gourmands*

›CONSEIL

Si vous craignez les saveurs trop fortes, n'oubliez pas qu'il existe différentes variétés de piment, du plus intense au plus léger. Choisissez alors un piment doux comme le merveilleux piment d'Espelette, confectionné de manière traditionnelle dans les montagnes du Pays Basque.

1 Émiettez les 8 g de levure dans les 10 cl d'eau tiède. Versez les 250 g de farine dans un saladier, creusez un puits et ajoutez la levure délayée. Mélangez bien. Incorporez les 2 cuillères à soupe d'huile d'olive et la 1/2 cuillère à café de sel. Pétrissez la pâte environ 10 minutes. Formez une boule de pâte, couvrez d'un linge et laissez gonfler 45 minutes dans un endroit chaud à l'abri des courants d'air. Étalez la pâte en un grand cercle et placez-la sur une plaque de four farinée. Laissez reposer 45 minutes dans un endroit chaud.

2 Épluchez la gousse d'ail et hachez-la. Versez les 300 g de purée de tomates dans une casserole, ajoutez la feuille de laurier, l'ail haché, les 2 pincées de thym et le morceau de sucre. Faites doucement chauffer à couvert pendant 20 minutes.

3 Préchauffez le four à 210° (th. 7). Découpez le filet de poulet en dés. Faites chauffer 1 cuillère à soupe d'huile d'olive dans une poêle. Mettez les dés de poulet, salez, saupoudrez de 2 pincées de piment et faites dorer quelques instants.

4 Découpez les 60 g de chorizo en rondelles et les 2 tranches de jambon en petites lanières. Versez la purée de tomates sur la pâte, couvrez des dés de poulet, des rondelles de chorizo et des lanières de jambon. Mettez à cuire environ 15 minutes. Servez chaud.

Cette pizza est un vrai repas complet. Elle associe poulet et chorizo, et recèle des saveurs très séduisantes. Un bonheur gourmand qui parfumera toute la maison.

› Ingrédients
(pour 4 personnes)

Pour la pâte :
- 250 g de farine de blé tamisée
- 8 g de levure fraîche de boulanger
- 2 cuillères à soupe d'huile d'olive
- 10 cl d'eau tiède
- 1/2 cuillère à café de sel

Pour la garniture :
- 300 g de purée de tomates
- 1 filet de poulet
- 60 g de chorizo
- 2 tranches de jambon sec
- huile d'olive
- 1 feuille de laurier
- 2 pincées de thym
- 1 morceau de sucre
- 1 petite gousse d'ail
- sel
- 2 pincées de piment

› VIN CONSEILLÉ
Un chianti.

Préparation : 35 minutes | Repos : 1 heure 30 | Cuisson : 25 minutes | Réalisation : facile | Coût : assez cher

Pizza *du pêcheur*

›ASTUCE

Si vous constatez que la garniture de votre pizza est cuite alors que votre pâte à pizza est encore un peu pâle et pas assez croustillante, vous pouvez couvrir la garniture d'une feuille de papier sulfurisé et poursuivre encore quelques minutes la cuisson.

1 Délayez les 8 g de levure dans 10 cl d'eau tiède. Versez les 200 g de farine de blé ordinaire, les 130 g de farine complète, les 20 g de farine de seigle et la levure délayée dans un saladier. Ajoutez le sel et les 2 cuillères à soupe d'huile d'olive. Mélangez bien.

2 Formez une boule de pâte et mettez-la dans un plat creux huilé. Couvrez d'un linge et laissez gonfler 45 minutes dans un endroit chaud à l'abri des courants d'air. Pétrissez la pâte 5 minutes, puis étalez-la sur une plaque de four huilée. Couvrez d'un linge et laissez reposer environ 45 minutes dans un endroit chaud.

3 Épluchez l'oignon et hachez-le. Faites chauffer 1 cuillère à soupe d'huile d'olive dans une poêle et ajoutez l'oignon haché. Faites-le fondre doucement environ 5 minutes. Salez et poivrez.

4 Préchauffez le four à 210° (th. 7). Mettez les 200 g de tomates concassées sur la pâte étalée. Répartissez l'oignon haché, le thon et les 100 g de crevettes. Ajoutez les câpres, les olives et saupoudrez avec les 2 cuillères à soupe de persil haché. Ajoutez quelques gouttes d'huile d'olive et les 2 pincées de piment en poudre. Mettez à cuire environ 25 minutes. Servez aussitôt la pizza.

Ce soir, c'est ambiance bord de mer avec cette délicieuse pizza à la pâte fine et croustillante.

Ingrédients (pour 4 à 6 personnes)

Pour la pâte :
- 200 g de farine de blé
- 130 g de farine complète
- 20 g de farine de seigle
- 8 g de levure fraîche de boulanger
- 2 cuillères à soupe d'huile d'olive
- 1 cuillère à café de sel

Pour la garniture :
- 200 g de tomates concassées
- 100 g de crevettes décortiquées
- 1 petite boîte de thon
- 2 cuillères à soupe de câpres
- une dizaine d'olives
- 1 petit oignon
- 2 cuillères à soupe de persil haché
- 2 pincées de piment en poudre
- huile d'olive
- sel et poivre du moulin

VIN CONSEILLÉ

Servez un Bourgueil rouge.

Préparation : 30 minutes | *Repos : 1 heure 30* | *Cuisson : 20 minutes* | *Réalisation : facile* | *Coût : bon marché*

Pizza
gruyère, oignons, échalotes

› L'ÉCHALOTE

L'échalote est cultivée en France depuis le Moyen Âge. Très appréciée en cuisine, elle se consomme crue, finement hachée dans une salade de pommes de terre ou de betteraves mais aussi cuite, relevant agréablement les sauces ou le beurre blanc et parfumant les vinaigres.

1 Émiettez les 8 g de levure dans les 10 cl d'eau tiède. Versez les 250 g de farine dans un saladier, ajoutez la levure délayée, les 2 cuillères à soupe d'huile d'olive, la cuillère à café de sel et pétrissez la pâte. Formez une boule de pâte et mettez-la dans un plat creux huilé. Couvrez d'un linge et laissez reposer 45 minutes dans un endroit chaud à l'abri des courants d'air.

2 Étalez la pâte sur une plaque de four huilée et farinée. Couvrez d'un linge et laissez reposer encore 45 minutes dans un endroit chaud.

3 Épluchez les 3 oignons et les 2 échalotes et hachez-les finement. Faites chauffer 1 cuillère à soupe d'huile d'olive dans une poêle antiadhésive et mettez-y les oignons et les échalotes. Faites fondre à feu moyen en remuant régulièrement. Saupoudrez de thym, salez et poivrez.

4 Préchauffez le four à 180° (th. 6). Couvrez la pâte étalée d'une fine couche de gruyère râpé. Disposez les oignons et les échalotes hachées. Mettez à cuire environ 20 minutes. Poivrez et servez aussitôt la pizza.

Une pizza rustique riche en oignons et échalotes au menu ce soir ! Vous la confectionnerez pour une grande tablée d'amis.

Ingrédients (pour 4 à 6 personnes)

Pour la pâte :
- ✓ 250 g de farine de blé ordinaire tamisée
- ✓ 8 g de levure fraîche de boulanger
- ✓ 2 cuillères à soupe d'huile d'olive
- ✓ 10 cl d'eau tiède
- ✓ 1 cuillère à café de sel

Pour la garniture :
- ✓ 150 g de gruyère râpé
- ✓ 3 beaux oignons
- ✓ 2 échalotes
- ✓ huile d'olive
- ✓ sel et poivre
- ✓ 1 cuillère à café de thym

VIN CONSEILLÉ

Un rosé bien frais (côtes-de-provence ou coteaux-varois).

Préparation : 35 minutes | Repos : 1 heure 30 | Cuisson : 20 minutes | Réalisation : facile | Coût : assez cher

Pizza *inferno*

›ASTUCE

S'il fait trop chaud, vous pouvez servir cette pizza tiède, voire même froide. Vous pouvez éventuellement la découper en petits losanges et la proposer sur assiette comme apéritif, ou accompagnée d'une bonne salade de roquette aux copeaux de parmesan.

1 Émiettez les 8 g de levure dans un bol avec 10 cl d'eau tiède. Versez dans un saladier les 250 g de farine et la levure diluée. Ajoutez les 2 cuillères à soupe d'huile d'olive et le sel. Pétrissez la pâte pendant 10 minutes. Formez une boule de pâte. Couvrez-la d'un linge et laissez-la gonfler environ 45 minutes dans un endroit chaud.

2 Travaillez la pâte 3 à 4 minutes. Couvrez d'un linge et laissez environ 45 minutes dans un endroit chaud. Rincez les feuilles de basilic et essuyez-les dans un linge. Hachez-les. Préchauffez le four à 210° (th. 7).

3 Faites revenir quelques instants à la poêle l'ail et l'oignon dans 1 cuillère à soupe d'huile. Rincez le piment, ôtez les graines et hachez-le finement. Versez les tomates, le basilic et le piment dans la poêle. Salez. Laissez mijoter 15 minutes à couvert.

4 Découpez les 120 g de mozzarella en tranches. Huilez légèrement une plaque de four. Étalez-y la pâte. Déposez la garniture de tomates. Disposez les tranches de jambon et les tranches de mozzarella. Parsemez de câpres. Mettez à four chaud environ 20 minutes. Servez dès la sortie du four.

Un soleil torride, des envies de sieste et de repas nonchalants, dans la bonne humeur. C'est le moment de servir cette pizza de l'enfer.

Ingrédients
(pour 4 à 6 personnes)

Pour la pâte :
- 250 g de farine de blé ordinaire
- 8 g de levure fraîche de boulanger
- 2 cuillères à soupe d'huile d'olive
- 10 cl d'eau tiède
- 1 cuillère à café de sel

Pour la garniture :
- 300 g de tomates concassées
- 120 g de jambon cru
- 120 g de mozzarella
- 1 petit piment
- 1 oignon haché
- 2 cuillères à soupe de câpres au vinaigre
- quelques feuilles de basilic
- 1 gousse d'ail hachée
- huile d'olive
- sel et poivre du moulin

VIN CONSEILLÉ

Un côtes-du-Lubéron rouge.

Préparation : 35 minutes | *Repos : 1 heure 30* | *Cuisson : 15 minutes* | *Réalisation : facile* | *Coût : assez cher*

Pizza *marinella*

›TOUR DE MAIN

Selon que votre pizza est destinée à être servie en entrée ou en plat principal, vous varierez les quantités des ingrédients. Pour une entrée, préparez une pâte moins épaisse et diminuez la garniture. 150 g de tomates suffiront et vous obtiendrez ainsi une pizza très fine.
Vous pouvez même la découper en losanges et la servir avec une salade de roquette parsemée de parmesan et arrosée d'huile d'olive.

1 Émiettez les 8 g de levure dans un bol avec 10 cl d'eau tiède. Versez les 250 g de farine dans un saladier, creusez un puits et versez la levure diluée. Mélangez bien. Incorporez les 2 cuillères à soupe d'huile d'olive, la 1/2 cuillère à café de sel et pétrissez pendant 10 minutes. Roulez la pâte qui doit être lisse et élastique, en une boule, couvrez-la d'un linge et laissez-la gonfler 45 minutes dans un endroit tiède, à l'abri des courants d'air. Pétrissez-la 5 minutes.

2 Étalez la pâte à l'aide d'un rouleau sur une plaque de four huilée. Couvrez à nouveau d'un linge et laissez reposer 45 minutes dans un endroit tiède, à l'abri des courants d'air. Préchauffez le four à 210° (th. 7).

3 Coupez les 400 g de tomates en 2, ôtez le jus en les pressant avec les mains. Hachez-les et mettez-les à cuire à feu doux pendant 12 minutes avec les 4 gousses d'ail et 2 cuillères à soupe d'huile d'olive. Salez, poivrez et ajoutez 1 cuillère à café de sucre en poudre. Ôtez les gousses d'ail.

4 Disposez les tomates en purée sur la pâte. Répartissez les 25 g de câpres. Ajoutez les 6 anchois et les 12 olives noires. Versez un filet d'huile d'olive. Saupoudrez de la 1/2 cuillère à café d'origan. Mettez à four chaud pendant 15 minutes environ. Poivrez généreusement et servez aussitôt la pizza.

Une envolée de saveurs très italiennes avec cette pizza haute en couleur. Des tomates mûries au soleil, des câpres, quelques anchois, une pointe d'ail, quelques brins d'origan...

› *Ingrédients*
(pour 4 à 6 personnes)

Pour la pâte :
- ✓ 250 g de farine de blé ordinaire tamisée
- ✓ 8 g de levure fraîche de boulanger
- ✓ 2 cuillères à soupe d'huile d'olive
- ✓ 10 cl d'eau tiède (25°)
- ✓ 1/2 cuillère à café de sel

Pour la garniture :
- ✓ 400 g de tomates pelées
- ✓ 4 gousses d'ail
- ✓ 25 g de câpres
- ✓ 6 filets d'anchois
- ✓ 12 olives noires
- ✓ 1/2 cuillère à café d'origan séché
- ✓ 1 cuillère à café de sucre
- ✓ sel et poivre du moulin
- ✓ huile d'olive

›VIN CONSEILLÉ

Un valpolicella.

Préparation : 25 minutes | *Repos : 1 heure 30* | *Cuisson : 20 minutes* | *Réalisation : facile* | *Coût : assez cher*

Pizza *orientale*

›VARIANTE

Si vous aimez les saveurs relevées, vous pouvez ajouter une gousse d'ail finement hachée à votre garniture, et/ou une cuillère à soupe d'huile pimentée lors de la cuisson à la poêle de vos oignons hachés. Vous pouvez aussi confectionner une purée de tomates à l'avance et la parfumer avec des herbes aromatiques.

1 Émiettez les 8 g de levure dans les 10 cl d'eau tiède. Verser dans un saladier les 250 g de farine et la levure délayée. Ajoutez les 2 cuillères à soupe d'huile d'olive, la pincée de sucre en poudre et la 1/2 cuillère à café de sel. Pétrissez la pâte pendant 10 minutes. Formez une boule de pâte. Couvrez d'un linge et laissez gonfler environ 45 minutes dans un endroit chaud à l'abri des courants d'air.

2 Étalez la pâte et posez-la sur une plaque de four couverte de papier sulfurisé. Couvrez d'un linge et laissez reposer encore 45 minutes dans en endroit chaud. Préchauffez le four à 210° (th. 7).

3 Hachez l'oignon puis faites-le dorer dans une poêle antiadhésive. Faites griller rapidement les chorizos à la poêle. Laissez tiédir, puis découpez-les en rondelles. Couvrez la pâte de purée de tomates. Répartissez l'oignon haché, les rondelles de chorizos et le fromage râpé. Ajoutez les feuilles de coriandre hachées.

4 Mettez à cuire environ 20 minutes. Ajoutez un filet d'huile d'olive et servez dès la sortie du four.

Osez les saveurs un peu épicées et goûtez cette belle pizza agrémentée de rondelles de chorizo : elle fera merveille à l'heure de l'apéritif entre amis.

Ingrédients
(pour 4 personnes)

Pour la pâte :
- 250 g de farine de blé ordinaire tamisée
- 8 g de levure fraîche de boulanger
- 2 cuillères à soupe d'huile d'olive
- 10 cl d'eau tiède
- 1 pincée de sucre en poudre
- 1/2 cuillère à café de sel

Pour la garniture :
- 200 g de purée de tomates
- 100 g de fromage râpé
- 2 petits chorizos à rôtir
- 1 oignon
- 2 cuillères à soupe de feuilles de coriandre hachées
- huile d'olive

VIN CONSEILLÉ

Proposez un vin rosé espagnol.

Préparation : 40 minutes | *Repos : 1 heure 30* | *Cuisson : 35 minutes* | *Réalisation : facile* | *Coût : assez cher*

Pizza pliée *aux fruits de mer*

›TOUR DE MAIN

Vous pouvez facilement congeler vous-même des crevettes et des moules pêchées. Dès la capture, plongez les crevettes dans une casserole d'eau bouillante salée. Égouttez et séchez. Pour les moules, plongez-les dans une marmite remplie d'un fond de vin blanc, faites-les ouvrir à feu vif, puis décortiquez-les. Congelez ensuite moules et crevettes dans des sachets ou des barquettes.

1 Délayez les 8 g de levure dans les 10 cl d'eau. Mélangez. Versez les 250 g de farine et la levure diluée dans un saladier. Ajoutez les 2 cuillères à soupe d'huile et la 1/2 cuillère à café de sel. Pétrissez pendant 10 minutes.

2 Roulez la pâte en une boule et mettez-la dans un plat creux huilé. Couvrez d'un linge et laissez gonfler dans un endroit chaud à l'abri des courants d'air pendant 45 minutes. Pliez la pâte plusieurs fois et étalez-la avec un rouleau sur une plaque de four légèrement farinée. Donnez-lui la forme d'un grand disque. Couvrez d'un linge et laissez reposer au chaud 45 minutes.

3 Préchauffez le four à 210° (th. 7). Épluchez la gousse d'ail et ôtez le germe. Hachez finement l'ail. Rincez et séchez les feuilles de basilic, puis hachez-les finement. Décortiquez les 100 g de crevettes.

4 Faites chauffer 1 cuillère à soupe d'huile dans une poêle. Mettez l'ail haché et faites dorer un peu. Ajoutez les crevettes et les 300 g de moules. Salez légèrement et poivrez en laissant revenir 2 minutes. Saupoudrez ces feuilles de basilic haché. Posez la garniture sur la moitié de la pâte, couvrez des 4 cuillères à soupe de parmesan râpé et repliez la pâte en soudant les bords avec les doigts. Mettez à cuire 35 minutes environ et servez à la sortie du four.

Ce soir, créez l'ambiance napolitaine et confectionnez cette succulente pizza riche en fruits de mer, délicieusement rehaussée de quelques feuilles de basilic.

Ingrédients
(pour 4 à 6 personnes)

Pour la pâte :
- ✓ 250 g de farine de blé tamisée
- ✓ 8 g de levure fraîche de boulanger
- ✓ 2 cuillères à soupe d'huile d'olive
- ✓ 10 cl d'eau tiède
- ✓ 1/2 cuillère à café de sel

Pour la garniture :
- ✓ 300 g de moules déjà cuites
- ✓ 100 g de crevettes cuites
- ✓ 4 cuillères à soupe de parmesan râpé
- ✓ 1 gousse d'ail
- ✓ quelques feuilles de basilic
- ✓ huile d'olive
- ✓ sel et poivre du moulin

VIN CONSEILLÉ

Servez un bandol blanc.

Pizza pliée
salami-fromage

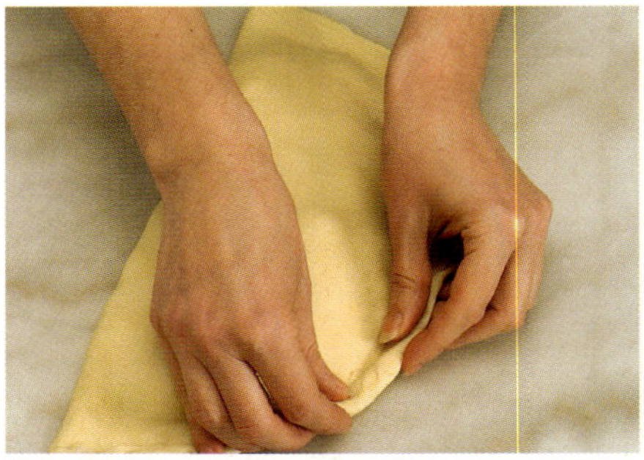

›VARIANTE

Vous pouvez enrichir votre pizza en ajoutant 2 cuillères à soupe de persil haché et 40 g de gorgonzola émietté. Et puis, elle sera encore plus parfumée si vous choisissez une huile d'olive au romarin ou au basilic.

1 Emiettez les 8 g de levure et déposez-les dans un bol avec les 10 cl d'eau tiède. Versez les 250 g de farine dans un saladier et ajoutez la levure diluée, les 2 cuillères à soupe d'huile d'olive et la cuillère à café de sel. Pétrissez la pâte quelques instants.

2 Formez une boule de pâte et déposez-la dans un saladier aux parois légèrement huilées. Couvrez d'un linge et laissez au chaud environ 45 minutes. Travaillez la pâte 2 minutes, puis laissez-la encore 45 minutes, au chaud et couverte d'un linge.

3 Découpez les 60 g de tomates en lanières, les 120 g de mozzarella et les 70 g de salami en petits cubes. Versez-les dans un saladier avec les 2 jaunes d'œufs, les 50 g de parmesan, les 80 g de ricotta émiettée et les 2 cuillères à soupe de basilic haché ; mélangez, salez et poivrez.

4 Étalez la pâte en un grand disque. Déposez la garniture sur la moitié de la pâte. Rabattez la pâte pour former un chausson. Soudez les bords avec les doigts. Posez la pizza sur une plaque de four farinée. Préchauffez le four à 210° (th. 7). Badigeonnez le dessus d'un peu d'huile d'olive et laissez cuire environ 25 minutes. Servez chaud.

Quoi de plus sympathique qu'une bonne pizza concoctée dans les règles de l'art ?

Ingrédients (pour 4 à 6 personnes)

Pour la pâte :
- 250 g de farine de blé ordinaire tamisée
- 8 g de levure fraîche de boulanger
- 2 cuillères à soupe d'huile d'olive
- 10 cl d'eau tiède
- 1 cuillère à café de sel

Pour la garniture :
- 70 g de salami
- 60 g de tomates séchées à l'huile
- 120 g de mozzarella
- 50 g de parmesan râpé
- 80 g de ricotta
- 2 jaunes d'œufs
- 2 cuillères à soupe de feuilles de basilic
- sel et poivre du moulin
- huile d'olive

VIN CONSEILLÉ

Servez un cabernet rosé.

Pizza *poireau-gruyère*

› VARIANTE

Vous pouvez saupoudrer de deux ou trois pincées d'origan pour accentuer les parfums de votre pizza juste avant de la passer au four. Quelques gouttes d'huile d'olive parfumée au thym ou au romarin, versées sur la pizza avant de la servir, apporteront une dernière note de saveurs typées.

1 Émiettez les 8 g de levure dans les 10 cl d'eau tiède. Versez les 250 g de farine dans un saladier, ajoutez la levure délayée, les 2 cuillères à soupe d'huile d'olive et la 1/2 cuillère à café de sel. Pétrissez la pâte environ 10 minutes. Formez une boule de pâte, mettez-la dans un plat creux. Couvrez d'un linge et laissez reposer 45 minutes dans un endroit chaud à l'abri des courants d'air.

2 Étalez la pâte sur une plaque de four légèrement huilée. Couvrez d'un linge et laissez reposer encore 45 minutes dans un endroit chaud. Préchauffez le four à 210° (th. 7).

3 Rincez les 4 poireaux, égouttez et essuyez-les. Découpez-les en petits morceaux de taille régulière. Faites cuire dans une poêle huilée les dés de poireaux 5 à 8 minutes en remuant régulièrement. Ajoutez la cuillère à soupe d'herbes de Provence. Salez et poivrez. Épluchez la gousse d'ail et hachez finement.

4 Répartissez les poireaux et l'ail haché sur la pâte étalée. Saupoudrez avec les 125 g de gruyère râpé. Mettez à cuire environ 20 minutes. Poivrez et servez aussitôt la pizza.

Cette pizza santé, très nourrissante et très goûteuse, est riche en fibres et en vitamines. Une façon habile de faire apprécier les poireaux aux enfants.

› Ingrédients
(pour 4 à 6 personnes)

Pour la pâte :

- ✓ 250 g de farine de blé semi-complète
- ✓ 8 g de levure fraîche de boulanger
- ✓ 2 cuillères à soupe d'huile d'olive
- ✓ 10 cl d'eau tiède
- ✓ 1/2 cuillère à café de sel

Pour la garniture :

- ✓ 4 poireaux
- ✓ 1 gousse d'ail
- ✓ 1 cuillère à soupe d'herbes de Provence
- ✓ 125 g de gruyère râpé
- ✓ sel et poivre du moulin
- ✓ huile d'olive

›VIN CONSEILLÉ

Servez un vin blanc d'Alsace.

Pizza *quatre saisons*

1 Émiettez les 8 g de levure dans un bol avec 10 cl d'eau tiède. Versez les 250 g de farine dans un saladier, creusez un puits et versez la levure diluée. Mélangez bien. Incorporez les 2 cuillères à soupe d'huile d'olive et la 1/2 cuillère à café de sel.

2 Pétrissez la pâte pendant 10 minutes. Elle doit devenir lisse et élastique. Faites-en une boule, couvrez celle-ci d'un linge et laissez-la gonfler 45 minutes dans un endroit tiède, à l'abri des courants d'air. Puis, pétrissez-la pendant 5 minutes. Étalez la pâte à l'aide d'un rouleau sur une plaque de four huilée. Couvrez à nouveau d'un linge et laissez reposer 45 minutes dans un endroit tiède, à l'abri des courants d'air.

3 Préchauffez le four à 210° (Th. 7). Découpez les 125 g de mozzarella en tranches un peu épaisses. Détaillez les 80 g de jambon en lamelles. Hachez les 250 g de tomates grossièrement. Épluchez et hachez la gousse d'ail et l'oignon.

4 Coupez les 4 fonds d'artichauts en dés. Faites chauffer 2 cuillères à soupe d'huile et faites revenir la gousse d'ail et l'oignon haché dans une poêle. Poivrez et salez légèrement. Versez les tomates et la brindille de thym, mélangez et laisser mijoter 15 minutes.

5 Ôtez le thym et disposez la garniture de tomates sur la pâte. Couvrez de tranches de mozzarella et de lamelles de jambon. Disposez les artichauts, les champignons, les olives et les anchois. Versez un filet d'huile d'olive. Mettez à four chaud pendant 15 à 20 minutes environ. Poivrez généreusement à la sortie du four. Servez la pizza chaude.

Invitez tous vos amis autour de cette indémodable grande dame italienne qui sent bon le fromage, les légumes et la pâte bien croustillante !

› Ingrédients
(pour 4 à 6 personnes)

Pour la pâte :

- ✓ 250 g de farine
- ✓ 8 g de levure fraîche de boulanger
- ✓ 2 cuillères à soupe d'huile d'olive
- ✓ 10 cl d'eau tiède
- ✓ 1/2 cuillère à café de sel

Pour la garniture :

- ✓ 250 g de tomates pelées
- ✓ 125 g de mozzarella
- ✓ 80 g de jambon cuit
- ✓ 60 g de champignons à l'huile
- ✓ 4 fonds d'artichauts
- ✓ 4 anchois
- ✓ 40 g d'olives noires
- ✓ sel et poivre du moulin
- ✓ 1 gousse d'ail
- ✓ 1 oignon
- ✓ 1 brin de thym
- ✓ huile d'olive

› VIN CONSEILLÉ

Servez un bordeaux rouge.

Pizza *ricotta et parmesan*

› VARIANTE

Pour varier les saveurs de votre pâte à pizza, vous pouvez lui ajouter 50 g de farine de maïs ou 50 g de farine de blé complet. N'oubliez pas qu'une farine tamisée donne toujours de meilleurs résultats. Ce simple geste améliore considérablement la qualité des pâtes ! Une petite pincée d'herbes aromatiques, type herbes de Provence, rehaussera encore son goût !

1 Délayez les 8 g de levure dans les 10 cl d'eau tiède. Versez les 250 g de farine et la levure diluée dans un saladier; mélangez bien. Incorporez ensuite les 2 cuillères à soupe d'huile d'olive, la 1/2 cuillère à café de sel ; pétrissez la pâte pendant 10 minutes.

2 Couvrez la pâte d'un linge et laissez gonfler 45 minutes dans un endroit tiède, à l'abri des courants d'air. Pétrissez-la ensuite 5 minutes. Étalez la pâte et posez-la sur une plaque de four huilée. Couvrez d'un linge et laissez reposer 45 minutes dans un endroit chaud.

3 Épluchez et hachez la gousse d'ail et l'oignon. Faites-les revenir durant quelques minutes dans une poêle. Ajoutez les 300 g de tomates, 1 cuillère à soupe d'huile d'olive, salez et laissez mijoter 15 minutes à couvert.

4 Préchauffez le four à 210° (th. 7). Découpez les 120 g de ricotta en dés et les 2 tranches de jambon en lanières. Couvrez la pâte avec la garniture. Ajoutez la ricotta puis les lanières de jambon. Saupoudrez avec les 60 g de parmesan râpé. Mettez à cuire pendant 15 à 20 minutes. Poivrez généreusement et servez aussitôt la pizza.

Colorée, douce et moelleuse, cette pizza très italienne égaiera joliment votre table à l'heure du dîner.

› Ingrédients (pour 4 personnes)

Pour la pâte :

- 250 g de farine de blé ordinaire tamisée
- 8 g de levure fraîche de boulanger
- 2 cuillères à soupe d'huile d'olive
- 10 cl d'eau tiède
- 1/2 cuillère à café de sel

Pour la garniture :

- 300 g de tomates concassées
- 1 petit oignon
- 1 gousse d'ail
- 120 g de ricotta
- 60 g de parmesan râpé
- 2 tranches de jambon cru
- sel et poivre
- huile d'olive

›VIN CONSEILLÉ

Servez avec un vin rouge léger de Provence ou de Toscane.

Préparation : 35 minutes | *Repos : 1 heure 30* | *Cuisson : 15 à 20 minutes* | *Réalisation : facile* | *Coût : assez cher*

Pizza *romaine*

› LE PECORINO

Le pecorino est un fromage italien au goût typé. Fabriqué avec du lait de brebis, c'est un merveilleux fromage à pâte dure. Il fut durant longtemps le fromage des paysans italiens. Aujourd'hui, il a conquis les plus grandes tables, les meilleurs chefs italiens adorant le cuisiner. Pour cette recette, vous pouvez utiliser soit un pecorino jeune, tendre et doux au goût, soit un pecorino affiné, plus sec et plus goûteux.

1 Émiettez les 8 g de levure dans 10 cl d'eau tiède. Versez dans un saladier les 250 g de farine de blé et la levure diluée. Mélangez bien. Ajoutez les 2 cuillères à soupe d'huile d'olive, la 1/2 cuillère à café de sel et pétrissez 10 minutes.

2 Formez une boule de pâte, mettez-la dans un plat creux légèrement huilé, couvrez d'un linge et laissez reposer 45 minutes dans un endroit chaud. Pétrissez la pâte 5 minutes. Étalez-la dans un moule huilé. Couvrez d'un linge et laissez 45 minutes dans un endroit chaud.

3 Lavez les feuilles de basilic, essuyez-les avec un linge et hachez-les finement. Préchauffez le four à 210° (th. 7). Découpez les 250 g de mozzarella en tranches. Égoutez les tomates concassées et disposez-les sur la pâte. Ajoutez les tranches de mozzarella, les 50 g de pecorino râpé et les anchois.

4 Poivrez et répartissez les feuilles de basilic haché. Mettez à cuire environ 15 à 20 minutes. Sortez du four, arrosez d'un peu d'huile d'olive et servez.

Essayez cette pizza traditionnelle, confectionnée comme dans les meilleures pizzerias romaines.

Ingrédients
(pour 4 à 6 personnes)

Pour la pâte :
- 250 g de farine de blé ordinaire tamisée
- 8 g de levure fraîche de boulanger
- 2 cuillères à soupe d'huile d'olive
- 10 cl d'eau tiède
- 1/2 cuillère à café de sel

Pour la garniture :
- 250 g de tomates concassées
- 250 g de mozzarella
- 50 g de pecorino râpé
- 1 cuillère soupe de feuilles de basilic
- 6 anchois
- huile d'olive
- poivre du moulin

VIN CONSEILLÉ

Servez un vin rouge léger d'Italie.

Préparation : 25 minutes | *Repos : 1 heure 30* | *Cuisson : 15 à 20 minutes* | *Réalisation : facile* | *Coût : bon marché*

Pizza *sicilienne*

›CONSEIL

Vous n'êtes pas obligé de prendre des câpres au vinaigre. Les câpres au sel, que les Italiens adorent, sont excellentes aussi. Il vous suffira de les dessaler une nuit dans un bol rempli d'eau fraîche avant de les incorporer à votre recette. Les câpres au sel se conservent sans problème plusieurs mois dans un endroit frais, à l'abri de la lumière.

1 Délayez les 8 g de levure dans les 10 cl d'eau tiède. Versez les 250 g de farine et la levure diluée dans un saladier. Incorporez ensuite les 2 cuillères à soupe d'huile d'olive, la 1/2 cuillère à café de sel. Pétrissez la pâte pendant une dizaine de minutes. Couvrez la pâte d'un linge et laissez gonfler 45 minutes dans un endroit chaud à l'abri des courants d'air. Pétrissez-la ensuite 5 minutes.

2 Étalez la pâte et posez-la sur une plaque de four légèrement huilée. Couvrez d'un linge et laissez reposer dans un endroit chaud environ 45 minutes. Préchauffez le four à 180° (th. 6).

3 Rincez l'aubergine et découpez-la en fines rondelles. Badigeonnez-les d'un peu d'huile d'olive en vous aidant d'un pinceau. Mettez au four 10 minutes en prenant soin de retourner les tranches d'aubergine. Épongez-les ensuite dans un papier absorbant.

4 Montez la température du four à 210° (th. 7). Découpez la mozzarella en tranches. Égouttez les câpres. Couvrez la pâte d'une couche de tomates. Disposez les tranches d'aubergine et les tranches de mozzarella. Parsemez d'olives et de câpres. Salez et poivrez. Mettez à cuire environ 15 à 20 minutes. Servez dès la sortie du four.

Retrouvez les plaisirs gourmands de vos dernières vacances en Italie. Les parfums et les couleurs pleines de soleil de cette pizza enchanteront votre table.

› *Ingrédients (pour 4 à 6 personnes)*

Pour la pâte :

- ✓ 250 g de farine de blé ordinaire tamisée
- ✓ 8 g de levure fraîche de boulanger
- ✓ 2 cuillères à soupe d'huile d'olive
- ✓ 10 cl d'eau tiède
- ✓ 1/2 cuillère à café de sel

Pour la garniture :

- ✓ 250 g de tomates concassées
- ✓ 1 petite aubergine
- ✓ 180 g de mozzarella
- ✓ 40 g d'olives noires
- ✓ 1 cuillère à soupe de câpres au vinaigre
- ✓ huile d'olive
- ✓ sel et poivre

›VIN CONSEILLÉ

Servez un Chianti rouge.

Pizza *thon-artichauts*

›CONSEIL

Pour cette recette, vous pouvez utiliser des cœurs d'artichauts en conserve si vous êtes pressé. Vous pouvez aussi cuire des artichauts à l'avance et mettre de côté les cœurs. Dans les deux cas, ils seront excellents comme garniture. Si vous les prenez en conserve, veillez à bien les égoutter avant de les disposer sur la pizza.

1 Émiettez les 8 g de levure dans un bol avec 10 cl d'eau tiède. Versez les 250 g de farine et la levure délayée dans un saladier. Mélangez bien. Incorporez les 2 cuillères à soupe d'huile d'olive, la 1/2 cuillère à café de sel et pétrissez la pâte pendant 10 minutes.

2 Roulez la pâte en boule, couvrez-la d'un linge et laissez gonfler 45 minutes dans un endroit tiède, à l'abri des courants d'air. Pétrissez-la ensuite 5 minutes. Étalez la pâte sur une plaque de four huilée. Couvrez d'un linge et laissez reposer 45 minutes dans un endroit tiède, à l'abri des courants d'air.

3 Épluchez et hachez les 2 gousses d'ail et l'oignon. Hachez les 200 g de tomates et faites mijoter 12 minutes avec les 2 gousses d'ail, 2 cuillères à soupe d'huile d'olive et 1 cuillère à café de sucre en poudre. Coupez les 6 cœurs d'artichauts en deux. Émiettez les 150 g de thon.

4 Préchauffez le four à 210° (th. 7). Découpez les 120 g de mozzarella en tranches. Répartissez les tomates et la mozzarella sur la pâte. Ajoutez le thon émietté et les 1/2 cœurs d'artichauts. Mettez à cuire 15 minutes environ. Assaisonnez et servez aussitôt la pizza.

N'hésitez pas à préparer cette pizza au bon goût d'Italie. Facile à confectionner, elle fera de vous un véritable pizzaiolo !

› Ingrédients
(pour 4 à 6 personnes)

Pour la pâte :
- ✓ 250 g de farine de blé
- ✓ 8 g de levure fraîche de boulanger
- ✓ 2 cuillères à soupe d'huile d'olive
- ✓ 10 cl d'eau tiède (25°)
- ✓ 1/2 cuillère à café de sel

Pour la garniture :
- ✓ 200 g de tomates pelées et concassées
- ✓ 1 petit oignon
- ✓ 2 gousses d'ail
- ✓ 1 cuillère à café de sucre en poudre
- ✓ 120 g de mozzarella
- ✓ 150 g de thon en boîte au naturel
- ✓ 6 cœurs d'artichauts cuits
- ✓ sel et poivre du moulin
- ✓ huile d'olive

› VIN CONSEILLÉ
Servez un Valpolicella.

Préparation : 25 minutes | *Repos : 45 minutes* | *Cuisson : 15 à 20 minutes* | *Réalisation : facile* | *Coût : assez cher*

Pizza *végétarienne*

›CONSEIL

Utilisez une huile d'olive parfumée qui renforcera les parfums de votre pizza. Vous pouvez très facilement en confectionner une en laissant macérer plusieurs jours quelques feuilles de basilic, une petite branche de thym ou encore trois ou quatre petits piments forts dans une bouteille d'huile d'olive.

1 Délayez les 8 g de levure dans les 10 cl d'eau tiède. Versez les 250 g de farine et la levure diluée dans un saladier. Mélangez bien. Incorporez ensuite les 2 cuillères à soupe d'huile d'olive, la 1/2 cuillère à café de sel et pétrissez la pâte 10 minutes. Couvrez la pâte d'un linge et laissez gonfler 45 minutes dans un endroit tiède à l'abri des courants d'air. Pétrissez encore la pâte 5 minutes.

2 Épluchez et hachez la gousse d'ail et l'oignon. Faites dorer l'ail et l'oignon hachés durant quelques minutes dans une poêle légèrement huilée. Réservez. Rincez les aubergines, ôtez le pédoncule et découpez-les en dés. Faites dorer les dés d'aubergines. Préchauffez le four à 210° (th. 7).

3 Étalez la pâte sur une plaque de four huilée. Couvrez avec les 300 g de tomates concassées. Ajoutez le mélange d'oignon et d'ail. Répartissez les dés d'aubergines. Découpez les 120 g de mozzarella en tranches et disposez-les sur la pizza. Saupoudrez avec la cuillère à café d'origan. Mettez à cuire 15 à 20 minutes environ. Poivrez généreusement et servez aussitôt la pizza.

Voilà une fort belle pizza bien dans la tradition napolitaine : des tomates, des aubergines, un peu d'oignon et d'ail.

Ingrédients
(pour 4 à 6 personnes)

Pour la pâte :
- 250 g de farine de blé ordinaire tamisée
- 8 g de levure fraîche de boulanger
- 2 cuillères à soupe d'huile d'olive
- 10 cl d'eau tiède
- 1/2 cuillère à café de sel

Pour la garniture :
- 2 petites aubergines
- 300 g de tomates concassées
- 120 g de mozzarella
- 1 petit oignon
- 1 gousse d'ail
- 1 cuillère à café d'origan
- sel et poivre
- huile d'olive

VIN CONSEILLÉ

Servez avec un rosé de Provence.

Pizza *verde*

1 Émiettez les 8 g de levure dans les 10 cl d'eau tiède. Mélangez dans un saladier la levure délayée et les 250 g de farine. Ajoutez les 2 cuillères à soupe d'huile d'olive, la cuillère à café de persil haché, la 1/2 cuillère à café de sel. Pétrissez la pâte environ 8 minutes.

2 Formez une boule de pâte et mettez-la dans un plat creux légèrement huilé. Couvrez d'un linge et laissez reposer 45 min dans un endroit chaud à l'abri des courants d'air. Étalez la pâte sur une plaque de four légèrement farinée. Couvrez d'un linge et laissez reposer encore 45 min dans un endroit chaud. Après ce temps de repos, préchauffez le four à 210° (th. 7).

3 Épluchez et hachez les 2 gousses d'ail et l'oignon. Rincez les 400 g d'épinards et essuyez-les. Huilez légèrement une poêle et faites chauffer. Mettez l'ail et l'oignon hachés et faites dorer, puis ajoutez les épinards, salez et poivrez. Faites les revenir 3 minutes en mélangeant.

4 Découpez la deuxième gousse d'ail en fines tranches. Badigeonnez la pizza d'un peu d'huile d'olive. Couvrez de tomates concassées, puis d'épinards sautés. Répartissez les tranches d'ail et les olives.

5 Mettez à cuire environ 20 minutes. Arrosez d'un filet d'huile d'olive, saupoudrez des 2 cuillères à soupe de parmesan râpé et servez aussitôt la pizza.

›ASTUCE

Si vous êtes pressée, toutes sortes de produits préparés existent aujourd'hui dans le commerce. Il suffit de les utiliser à bon escient. Vous pouvez par exemple choisir des épinards surgelés pour garnir votre pizza. Sachez aussi que les tomates concassées en conserve, préparées au naturel, sont très pratiques et souvent de la meilleure qualité.

Voici une pizza tout en fraîcheur et en vitamines à proposer aux enfants qui font souvent la moue devant les légumes.

Ingrédients
(pour 4 personnes)

Pour la pâte :

- ✓ 250 g de farine de blé ordinaire tamisée
- ✓ 8 g de levure fraîche de boulanger
- ✓ 2 cuillères à soupe d'huile d'olive
- ✓ 1 cuillère à café de persil haché
- ✓ 10 cl d'eau tiède
- ✓ 1/2 cuillères à café de sel

Pour la garniture :

- ✓ 200 g de tomates concassées
- ✓ 400 g de feuilles d'épinards
- ✓ 1 oignon
- ✓ 2 gousses d'ail
- ✓ une dizaine d'olives noires
- ✓ 2 cuillères à soupe de parmesan râpé
- ✓ huile d'olive
- ✓ sel et poivre

VIN CONSEILLÉ

Un Valpolicella rouge.

Préparation : 35 minutes | *Repos : 1 heure 15* | *Cuisson : 20 minutes* | *Réalisation : facile* | *Coût : assez cher*

Pizzas *moules et basilic*

›ASTUCE

Choisissez de préférence un citron non traité chimiquement quand vous utilisez le zeste dans une recette. Vous garderez uniquement les moules qui se sont ouvertes durant la cuisson en cocotte. Débarrassez-vous de toutes celles qui sont restées fermées. Si vous n'avez pas de parmesan, prenez la même quantité de gruyère ou de comté râpé.

1 Émiettez les 8 g de levure dans un bol avec 10 cl d'eau tiède. Versez les 250 g de farine dans un saladier et la levure diluée. Mélangez bien. Incorporez les 2 cuillères à soupe d'huile d'olive, la 1/2 cuillère à café de sel et pétrissez la pâte pendant 10 minutes.

2 Roulez la pâte en une boule, couvrez-la d'un linge et laissez-la gonfler 45 minutes dans un endroit tiède, à l'abri des courants d'air. Pétrissez la pâte 5 minutes. Faites 4 parts égales. Étalez avec un rouleau en 4 petites pizzas. Déposez-les sur une plaque de four huilée. Couvrez à nouveau d'un linge et laissez reposer 30 minutes dans un endroit tiède, à l'abri des courants d'air. Badigeonnez les pizzas d'huile d'olive.

3 Préchauffez le four à 210° (th. 7). Lavez et grattez les 400 g de moules. Faites-les cuire à feu vif dans une cocotte 3 à 4 minutes, le temps que les coquilles s'ouvrent. Ôtez les moules des coquilles. Salez et poivrez.

4 Lavez et égouttez les feuilles de basilic. Mixez finement dans le bol du robot le basilic, le zeste du 1/2 citron râpé, la gousse d'ail, les 3 cuillères à soupe de parmesan et environ 2 cuillères à soupe d'huile d'olive. Étalez cette garniture sur les pizzas. Parsemez de moules. Mettez à cuire pendant 12 à 15 minutes environ. Saupoudrez avec les 3 cuillères à soupe de parmesan râpé. Poivrez. Servez aussitôt les pizzas.

Un mariage tendre et iodé entre les produits de la mer et les saveurs du jardin !

Ingrédients
(pour 4 à 6 personnes)

Pour la pâte :
- 250 g de farine de blé ordinaire tamisée
- 8 g de levure fraîche de boulanger
- 2 cuillères à soupe d'huile d'olive
- 10 cl d'eau tiède
- 1/2 cuillère à café de sel

Pour la garniture :
- 400 g de moules
- 1 petit bouquet de basilic
- 1 gousse d'ail
- le zeste d'un 1/2 citron râpé
- 6 cuillères à soupe de parmesan râpé
- sel et poivre du moulin
- huile d'olive

VIN CONSEILLÉ
Servez un Chianti blanc.

Risotto

Préparation : 30 minutes | *Repos : aucun* | *Cuisson : 20 minutes* | *Réalisation : assez facile* | *Coût : assez cher*

Risotto *à la fleur de courgette*

›AU MARCHÉ

Le riz doit être choisi selon les impératifs de cette préparation : préférez donc un riz blanc à gros grains, comme de l'arborio ou du carnaroli.

›TOUR DE MAIN

L'amidon du riz est nécessaire dans un risotto. Il ne faut donc surtout pas le rincer. Remuez-le avec délicatesse en utilisant une spatule en bois. La cuisson du riz ne doit pas excéder 20 minutes une fois que vous l'aurez intégré aux oignons et aux courgettes, et largement imprégné d'huile d'olive. N'ajoutez le beurre et le parmesan qu'en fin de cuisson, lorsque le riz est «al dente». Laissez ces derniers fondre à feu doux juste quelques minutes.

1 Coupez en petits dés 1 oignon blanc, 1 poireau et 100 g de courgette. Faites-les mijoter pendant 5 à 10 minutes à feu doux dans 15 cl d'huile d'olive. Ajoutez 180 g de riz et remuez-le avec une spatule en bois pendant 3 à 4 minutes.

2 Ajoutez 10 cl de vin blanc et laissez sur le feu en remuant jusqu'à ce que tout le liquide soit absorbé. Faites chauffer 50 cl de bouillon de volaille. Versez une louche de ce bouillon chaud dans le riz et remuez.

3 Au fur et à mesure de l'évaporation du bouillon, ajoutez le reste. Faites cuire la préparation à feu vif en remuant sans arrêt. Quelques minutes avant la fin de la cuisson, incorporez 50 g de beurre et 40 g de parmesan.

4 Pelez, épépinez et coupez en dés 4 tomates. Épluchez et hachez 1 gousse d'ail. Décortiquez partiellement les gambas (queues). Nettoyez soigneusement les palourdes. Mettez les fruits de mer dans une casserole avec 10 cl d'huile d'olive, l'ail haché et 1 branche de romarin.

5 Lorsque les palourdes sont ouvertes, ajoutez les dés de tomates. Versez 10 cl de vin blanc. Hachez 1 botte de persil plat et ajoutez-le. Retirez les feuilles et le bouton de 4 fleurs de courgettes.

6 Farcissez les fleurs de courgettes de risotto. Disposez-les dans des assiettes et garnissez de ragoût aux palourdes et aux gambas.

Idéal en entrée chaude, ce plat léger est particulièrement apprécié en été.

Ingrédients (pour 4 personnes)

- 180 g de riz carnaroli
- 20 palourdes
- 4 gambas rouges
- 4 tomates
- 100 g de courgette
- 4 fleurs de courgette
- 1 poireau
- 1 oignon blanc
- 2 échalotes
- 1 gousse d'ail
- 50 g de beurre
- 40 g de parmesan
- 50 cl de bouillon de volaille
- 20 cl de vin blanc sec
- 20 cl d'huile d'olive
- 1 botte de persil plat
- 1 branche de romarin
- sel, poivre

VIN CONSEILLÉ

Un bardolino chiaretto.

Risotto *à la saucisse*

›AU MARCHÉ

Choisissez 4 petites saucisses épicées ou 2 grosses. Les perugine niçoises, succulentes saucisses relevées artisanales, sont incomparables. À défaut, utilisez un chorizo voire des merguez, ou même de la saucisse de Morteau ou de Montbéliard si vous n'aimez pas les plats trop piquants. Dénichez du riz italien à risotto de la variété arborio, il est idéal.

›LE PLUS

Utilisez cubes de bouillon de volaille, petits pois surgelés et parmesan déjà râpé (frais et non déshydraté).

›CONSEIL

Vous n'utiliserez pas forcément tout le bouillon. Versez-le au fur et à mesure que le riz l'absorbe.

1 Épluchez 2 oignons, coupez-les en petits quartiers. Grattez et coupez 2 carottes en longs cônes. Émincez 4 cébettes et réservez leur partie verte, puis hachez finement l'échalote.

2 Dans une sauteuse, faites sauter les oignons et 4 gousses d'ail en chemise (non pelées) dans 2 cuillerées à soupe d'huile d'olive pendant 2 minutes. Retirez-les. À leur place, faites dorer les saucisses puis remettez ail et oignons dans la sauteuse.

3 Ajoutez les cônes de carotte, couvrez et laissez cuire 10 minutes sur feu doux en remuant de temps en temps. En fin de cuisson, ajoutez les cébettes émincées, couvrez et réservez.

4 Faites fondre dans une casserole 50 g de beurre. Mettez-y l'échalote hachée et faites-la suer quelques minutes. Ajoutez le riz et remuez jusqu'à ce qu'il soit translucide puis mouillez avec 10 cl de vin blanc. Laissez gonfler quelques minutes hors du feu.

5 Faites cuire le riz 18 minutes sur feu doux en ajoutant régulièrement du bouillon. Incorporez les petits pois 10 minutes avant la fin de la cuisson. Faites en même temps réchauffer le contenu de la sauteuse.

6 Incorporez le parmesan râpé et 25 g de beurre au riz. Tranchez les saucisses. Dressez risotto, saucisses et contenu de la sauteuse dans les assiettes et décorez du vert de cébette émincé.

Osez cette alliance crémeuse entre le sud de la France et l'Italie.

Ingrédients
(pour 4 personnes)

- ✓ 4 petites saucisses à cuire épicées
- ✓ 250 g de riz rond
- ✓ 200 g de petits pois écossés
- ✓ 2 carottes
- ✓ 2 gros oignons paille
- ✓ 2 cébettes
- ✓ 1 échalote
- ✓ 4 gousses d'ail frais
- ✓ 75 g de beurre
- ✓ 50 g de parmesan râpé
- ✓ 1,5 l de bouillon de volaille
- ✓ 10 cl de vin blanc sec
- ✓ huile d'olive, sel, poivre

VIN CONSEILLÉ

Servez un vin blanc sec ou un rosé d'Italie bien frais.

Préparation : 10 minutes | *Repos : aucun* | *Cuisson : 20 minutes* | *Réalisation : facile* | *Coût : assez cher*

Risotto
aux asperges vertes

›ASTUCE

Pour conserver leur belle couleur aux pointes d'asperges, trempez-les aussitôt après cuisson quelques secondes dans un bol rempli d'eau glacée.

›CONSEIL

Attention de ne pas trop saler votre riz en début de cuisson, surtout si vous utilisez du bouillon en tablettes. Le parmesan étant lui aussi très salé, le risotto pourrait être immangeable ! Il peut donc s'avérer plus sage de prendre la précaution de ne saler qu'après avoir goûté le risotto, juste avant de le servir.

›LE PLUS

Faites cuire vos pointes d'asperges à la vapeur, elles garderont leur forme et toutes leurs vitamines ! Gardez-les légèrement croquantes, le contraste avec le riz moelleux n'en sera que plus séduisant.

1 Pelez et hachez finement l'oignon. Épluchez les asperges et coupez les extrémités dures. Coupez les pointes et réservez-les. Taillez les tiges en tronçons de 1 cm de long. Râpez le parmesan sur une grille moyenne. Pelez et coupez en rondelles minces les carottes.

2 Faites fondre à feu moyen 20 g de beurre dans une sauteuse. Faites suer l'oignon quelques instants jusqu'à ce qu'il soit fondant. Ajoutez le riz et remuez jusqu'à ce qu'il soit translucide. Ajoutez alors 5 cl de vin blanc, les morceaux d'asperges, les rondelles de carottes, très peu de sel et du poivre. Laissez le riz absorber complètement le vin.

3 Lorsque le riz est presque sec, mettez-le sur feu doux et mouillez-le avec le tiers du bouillon de volaille. Répétez l'opération jusqu'à épuisement du bouillon dès que le riz a absorbé le liquide dans la sauteuse. Comptez 20 minutes environ de cuisson.

4 Quelques minutes avant la fin de la cuisson du riz, plongez les pointes d'asperges dans une casserole d'eau frémissante salée et faites-les cuire durant 3 ou 4 minutes. Réservez-les au chaud.

5 Lorsque le risotto est prêt, stoppez le feu et incorporez le parmesan râpé puis 10 cl de crème fraîche. Mélangez délicatement et rectifiez l'assaisonnement. Versez dans le plat de service chauffé. Décorez de pointes d'asperges et servez aussitôt.

Un délicieux mariage entre onctuosité et croquant vitaminé.

Ingrédients
(pour 4 personnes)

- ✓ 180 g de riz rond à risotto
- ✓ 1 bottes de jeunes asperges vertes
- ✓ 2 carottes
- ✓ 1 petit oignon
- ✓ 40 g de parmesan frais
- ✓ 5 cl de vin blanc
- ✓ 10 cl de crème fraîche
- ✓ 20 g de beurre
- ✓ 50 cl de bouillon de volaille
- ✓ sel, poivre blanc

VIN CONSEILLÉ

Un vin blanc sec italien ou de la Loire.

Risotto *aux brocolis et à la saucisse*

›AU MARCHÉ

Les marchés en France sont alimentés en brocolis toute l'année : la production est française de juin en novembre et en provenance essentiellement d'Espagne et d'Italie de décembre à fin mai. Les meilleurs brocolis sont reconnaissables à leur tête ferme, très serrée, vert foncé (bannissez les brocolis jaunissants, signe de fleurissement), et à leur tige très dure.
Le pecorino est un fromage de brebis fabriqué dans le sud de l'Italie que vous pouvez remplacer par du parmesan.

›ASTUCE

Conservez les tiges des brocolis : vous pouvez les tailler en bâtonnets et les servir cuites, comme des asperges.

›CONSEIL

La réussite du risotto passe incontestablement par la qualité du riz. Choisissez un riz italien, de préférence de l'arborio ou du carnaroli, qui a de gros grains ronds semi-durs et une haute teneur en amidon.

1 Détachez les têtes de brocolis. Plongez-les dans une casserole d'eau bouillante avec du gros sel.Faites-les blanchir 5 minutes, égouttez et réservez l'eau de cuisson. Rafraîchissez les brocolis à l'eau glacée.

2 Enlevez le boyau de la saucisse fraîche. Écrasez la chair entre les doigts. Épluchez et hachez 1 oignon. Coupez 1 piment rouge en petits morceaux. Pelez et épépinez 50 g de tomates et coupez-les en dés. Râpez 50 g de pecorino.

3 Dans une sauteuse, faites chauffer 1 cuillerée à soupe d'huile d'olive. Faites revenir la moitié de l'oignon avec la saucisse et les tomates pendant 5 minutes. Ajoutez les brocolis, salez, poivrez et poursuivez la cuisson 5 minutes.

4 Dans une autre sauteuse, faites revenir l'oignon restant et le piment dans 3 cuillerées à soupe d'huile d'olive. Versez 300 g de riz et faites-le dorer en mélangeant. Versez 50 cl d'eau de cuisson des brocolis au fur et à mesure de son absorption et faites cuire 20 minutes en remuant très souvent.

5 Versez la préparation à la saucisse et aux brocolis dans le riz et laissez mijoter 5 minutes en remuant délicatement. Rectifiez l'assaisonnement et saupoudrez de pecorino râpé. Servez aussitôt.

Très conviviale, cette recette facile peut se savourer en toutes occasions.

Ingrédients
(pour 4 personnes)

- ✓ 300 g de riz carnaroli
- ✓ 150 g de saucisse fraîche
- ✓ 150 g de brocolis
- ✓ 50 g de pecorino frais
- ✓ 50 g de tomates
- ✓ 1 petit oignon
- ✓ 1 piment rouge séché
- ✓ huile d'olive, gros sel, sel, poivre

VIN CONSEILLÉ

Un minervois blanc.

Préparation : 25 minutes | *Trempage : 2 heures* | *Cuisson : 35 minutes* | *Réalisation : assez facile* | *Coût : assez cher*

Risotto *aux morilles*

›AU MARCHÉ

Le riz le plus adapté au risotto est italien, appelé fino ou superfino, tel un arborrio. Les morilles séchées présentent des avantages. Leur saveur se conserve bien et le trempage, nécessaire à leur réhydratation, donne une eau délicieuse à intégrer sans hésiter dans les plats pour les parfumer davantage. Malgré tout, si vous utilisez des morilles fraîches, au printemps, votre recette n'en sera que plus raffinée. Utilisez dans ce cas un total de 60 cl de fond de volaille pour la cuisson du riz.

›TOUR DE MAIN

Soyez précis sur la température de cuisson du risotto. Sa réussite dépend beaucoup de la maîtrise du feu : s'il est trop chaud, le riz sera mou à l'extérieur et pâteux à l'intérieur. Par contre, une cuisson trop lente engendrera un risotto collant. Le riz doit rester «al dente».

1 Déposez les morilles séchées dans un bol. Couvrez-les d'eau chaude et laissez-les tremper pendant au moins 2 heures. Égouttez-les, réservez l'eau de trempage. Rincez bien les champignons pour éliminer tout le sable.

2 Filtrez l'eau de trempage des morilles à travers un linge propre et fin pour retenir toutes les impuretés. Mesurez-en 20 cl et ajoutez-le à 40 cl de fond de volaille. Réservez. Épluchez et ciselez 1 oignon et 1 échalote.

3 Dans une sauteuse, faites fondre 25 g de beurre et faites-y revenir l'échalote et l'oignon 1 minute à feu moyen. Ajoutez 200 g de riz et remuez 1 minute. Mouillez avec 10 cl de vin blanc, remuez régulièrement en laissant cuire jusqu'à ce que le riz soit sec.

4 Ajoutez 10 cl du mélange à base de fond de volaille et poursuivez la cuisson en remuant jusqu'à ce que le riz soit sec. Continuez en incorporant le fond 10 cl par 10 cl pour un total de 25 minutes de cuisson en utilisant tout le liquide.

5 Avec le dernier ajout, incorporez les morilles. Salez et poivrez. Continuez à remuer pendant 5 minutes et servez aussitôt en décorant le plat ou les assiettes avec quelques pluches de cerfeuil.

Un accompagnement festif pour vos rôtis, viandes en sauce et poissons.

Ingrédients (pour 4 personnes)

- ✓ 200 g de riz à risotto
- ✓ 60 g de morilles séchées
- ✓ 1 oignon
- ✓ 1 échalote
- ✓ 25 g de beurre
- ✓ 40 cl de fond de volaille
- ✓ 10 cl de vin blanc
- ✓ 1 brin de thym
- ✓ pluches de cerfeuil
- ✓ sel, poivre

VIN CONSEILLÉ

Un blanc du Jura.

Risotto *de homard*

›CONSEIL

En attendant la cuisson, plongez les homards dans de l'eau tiède. Engourdis par la chaleur, ils seront un peu endormis au moment d'entrer dans l'eau bouillante...

›TOUR DE MAIN

Décortiquez les homards cuits : séparez la tête de la queue. Fendez celle-ci à l'aide de ciseaux et ôtez délicatement la carapace. Cassez les pinces avec un marteau, sans abîmer la chair à l'intérieur.

1 Préparez le court-bouillon : pelez et émincez 1 oignon, 1 carotte, 2 échalotes, 1 gousse d'ail. Mettez-les dans une cocotte avec le bouquet garni, les tiges du bulbe de fenouil, 12 grains de poivre et 1 cuillerée à soupe de gros sel. Mouillez avec 50 cl de vin blanc sec et 1,5 litre d'eau. Couvrez et portez à ébullition.

2 Laissez frémir 20 minutes puis plongez les 2 homards dans le court-bouillon. Laissez-les cuire 12 minutes à petit feu (après la reprise de l'ébullition). Égouttez-les. Prélevez 60 cl de court-bouillon et filtrez-le.

3 Préparez le risotto : taillez le bulbe de fenouil en petits dés. Dans une grande casserole, faites fondre 30 g de beurre et 2 cuillerées à soupe d'huile d'olive. Mettez-y les dés de fenouil et 250 g de riz. Faites cuire 5 minutes en remuant jusqu'à ce que le riz soit translucide.

4 Versez 15 cl de vin blanc. Lorsque tout le liquide est absorbé, ajoutez très progressivement le court-bouillon filtré. Laissez cuire sur feu doux jusqu'à ce que le riz soit *al dente*. Salez, poivrez. Hors du feu, incorporez 1 cuillerée à soupe de crème fraîche. Ajoutez les fruits secs (pistaches, noisettes et raisins blonds). Réservez au chaud.

5 Décortiquez les homards. Coupez la queue de biais, en tronçons. Faites-les réchauffer quelques minutes à la vapeur du court-bouillon, ainsi que la chair des pinces. Disposez le risotto et le homard sur des assiettes. Servez aussitôt.

Les charmes contrastés du riz crémeux garni de homard et de fruits secs croquants.

› **Ingrédients**
(pour 4 personnes)

- ✓ 2 homards vivants de 700 g pièce
- ✓ 250 g de riz à risotto
- ✓ 1 bulbe de fenouil
- ✓ 1 carotte
- ✓ 1 oignon
- ✓ 2 échalotes
- ✓ 1 gousse d'ail
- ✓ 50 g de pistaches décortiquées
- ✓ 50 g de noisettes décortiquées
- ✓ 50 g de raisins secs blonds
- ✓ 65 cl de vin blanc sec
- ✓ 1 bouquet garni
- ✓ huile d'olive, beurre, crème fraîche
- ✓ gros sel, sel, grains de poivre

› VIN CONSEILLÉ

Offrez un grand vin blanc de la vallée du Rhône (condrieu ou crozes-hermitage).

Préparation : 25 minutes | *Repos : aucun* | *Cuisson : 35 minutes* | *Réalisation : assez facile* | *Coût : assez cher*

Risotto de la mer

›TOUR DE MAIN

Pour réussir un risotto, il faut prêter attention au feu : s'il est trop chaud, le riz sera mou à l'extérieur et pâteux à l'intérieur. Par contre, une cuisson trop lente donne un risotto collant. Le riz doit rester «al dente».

›CONSEIL

Attention au sel, le liquide des moules est déjà salé. Le riz le plus adapté au risotto est italien et appelé fino ou superfino, tel un Arborrio.

1 Ébouillantez 3 minutes les crevettes à l'eau salée puis retirez-les à l'aide d'une écumoire. Quand l'eau bout de nouveau, plongez les langoustines. Retirez-les au premier bouillon. Décortiquez les crustacés en réservant les pinces des langoustines.

2 Nettoyez les moules sous l'eau en les grattant. Épluchez et hachez l'oignon et faites-le revenir dans un faitout avec 5 g de beurre. Ajoutez 2 brins de persil, 1 brin de thym, 10 cl de vin blanc et les moules. Couvrez et faites cuire à feu vif en secouant le récipient une fois ou deux. Après environ 5 minutes, quand les moules sont ouvertes, enlevez-les avec une écumoire. Décortiquez-les en en laissant 4 dans leurs coquilles. Filtrez le jus au travers d'un tamis tapissé de gaze. Complétez-le d'eau pour obtenir 60 cl de liquide.

3 Tirez sur les tentacules des calamars pour les détacher en entraînant les viscères. Coupez-les au ras des yeux et supprimez la pointe dure située au centre. Rincez les blancs et retirez les cartilages. Coupez-les en fines lamelles.

4 Dans une sauteuse, faites suer l'échalote hachée dans 20 g de beurre sur feu moyen puis ajoutez les calamars. Remuez et ajoutez le riz. Mélangez et mouillez avec 10 cl de vin blanc. Lorsque le riz a tout absorbé, incorporez 10 cl du liquide de cuisson et répétez cette opération plusieurs fois jusqu'à ce que le riz ait tout absorbé (environ 25 minutes).

5 Incorporez les fruits de mer décortiqués au riz et rectifiez l'assaisonnement. Réchauffez-le pendant 5 minutes et servez aussitôt en décorant le plat ou les assiettes avec les moules encore dans leurs coquilles et les pinces de langoustine.

Aux fruits de mer, le plus classique et le plus apprécié des risotti !

Ingrédients
(pour 4 personnes)

- 200 g de riz pour risotto
- 4 grosses crevettes roses vivantes
- 4 langoustines
- 12 grosses moules
- 150 g de calamars
- 1 oignon
- 1 échalote
- 25 g de beurre
- 20 cl de vin blanc
- 1 brin de thym
- 2 brins de persil

VIN CONSEILLÉ

Un chianti bianco.

Préparation : 1 heure | *Repos : aucun* | *Cuisson : 55 minutes* | *Réalisation : assez facile* | *Coût : assez cher*

Risotto *de pigeon et chanterelles*

›AU MARCHÉ

Choisissez 2 pigeons fermiers de 500 g pièce.

›CONSEIL

Pour une jolie présentation, moulez le risotto dans des petits ramequins et retournez-les aussitôt sur les assiettes.

›VARIANTES

Vous pouvez réaliser ce plat avec des cailles ou un pintadeau.

›POUR L'ACCOMPAGNER

Préparez des tuiles de parmesan.

1 Coupez les pigeons en 4 morceaux : prélevez les cuisses en sectionnant l'os à la jointure, puis levez les filets et les ailes. Pelez et émincez 1 carotte, 1 oignon et 1 branche de céleri.

2 En cocotte, faites colorer les carcasses de pigeon dans 30 g de beurre. Ajoutez les légumes émincés et faites-les revenir 5 minutes sur feu vif. Versez 10 cl de vin rouge et laissez réduire presque à sec. Mouillez avec 50 cl de bouillon de volaille. Portez à ébullition, baissez le feu et laissez frémir 25 minutes. Filtrez le fond au chinois.

3 Préparez le risotto : pelez et hachez 4 échalotes. Faites-les revenir dans 40 g de beurre, sans coloration. Ajoutez 250 g de riz. Laissez cuire 2 minutes sur feu doux en remuant à la cuillère en bois. Mouillez avec une louche du fond de pigeon et laissez cuire jusqu'à ce que tout le liquide soit absorbé. Poursuivez la cuisson en versant peu à peu le fond jusqu'à ce que le riz soit *al dente*. Hors du feu, liez avec 30 g de beurre et 20 g de parmesan râpé.

4 Préchauffez votre four à 200°C (thermostat 6/7). Nettoyez les chanterelles. Faites-les sauter à la poêle dans 2 cuillerées à soupe d'huile d'olive. Salez, poivrez.

5 Mettez les morceaux de pigeon dans un plat. Salez, poivrez. Ajoutez-y 1 brin de thym, 1 feuille de laurier, 2 gousses d'ail et 1 filet d'huile d'olive. Faites-les rôtir au four 15 à 20 minutes.

6 Disposez les morceaux de pigeon dans les assiettes, nappés du jus de cuisson. Ajoutez le risotto et les chanterelles.

Un mets raffiné à déguster de préférence au printemps !

› **Ingrédients** (pour 4 personnes)

- ✓ 2 pigeons
- ✓ 250 g de riz rond pour risotto
- ✓ 250 g de chanterelles
- ✓ 1 carotte
- ✓ 1 oignon
- ✓ 1 branche de céleri
- ✓ 4 échalotes
- ✓ 2 gousses d'ail
- ✓ 100 g de beurre
- ✓ 50 cl de bouillon de volaille
- ✓ 10 cl de vin rouge
- ✓ 20 g de parmesan râpé
- ✓ thym, laurier
- ✓ huile d'olive, sel, poivre

›VIN CONSEILLÉ

Un vin rouge du Vaucluse, fruité et chaleureux (côtes-du-Ventoux ou côtes-du-Lubéron).

Risotto *de scampi aux cèpes et truffe*

›AU MARCHÉ

À défaut de scampi, petits crustacés de Méditerranée proches des langoustines, vous pouvez utiliser de grosses crevettes de Méditerranée, voire du homard de Norvège. Pour le riz, choisissez de l'arborio, un riz blanc dont les gros grains possèdent tout l'amidon nécessaire à cette recette. À défaut, un carnaroli fera aussi l'affaire.

1 Décortiquez 12 scampi, coupez-les en deux dans le sens de la longueur et retirez le boyau noir. Concassez les têtes. Pelez et coupez en cubes 1 oignon, 1 carotte et 1 branche de céleri. Épluchez 1 gousse d'ail. Taillez, dans 60 g de parmesan, 4 longs bâtonnets effilés en pointe.

2 Faites revenir les têtes de scampi et les légumes dans un filet d'huile d'olive. Ajoutez 15 cl de vin blanc et couvrez d'eau. Laissez mijoter pendant 30 minutes, puis filtrez et réservez. Épluchez et hachez finement 1 oignon. Écrasez 30 g de truffes.

3 Faites fondre 30 g de beurre avec un filet d'huile d'olive. Ajoutez l'oignon et 200 g de riz, et faites dorer. Ajoutez ensuite la truffe hachée et laissez revenir. Ajoutez 2 louches de bouillon de scampi au riz et laissez cuire, en remuant, jusqu'à ce qu'il soit absorbé.

4 Rajoutez du bouillon et faites cuire jusqu'à complète absorption, en répétant cette opération pendant tout le temps de cuisson, qui est de 18 minutes. Ajoutez 3 cl de jus de truffe, du bouillon si nécessaire, 20 g de beurre et un filet d'huile d'olive.

5 Tournez 4 artichauts en gardant les queues et les feuilles tendres, puis coupez-les en lamelles. Nettoyez 300 g de cèpes et coupez-les en lamelles. Faites sauter séparément les artichauts et les cèpes à l'huile d'olive.

6 Faites sauter vivement les scampi à l'huile d'olive. Rectifiez l'assaisonnement des crustacés et du risotto. Déposez un peu de risotto dans chaque assiette. Disposez dessus les lamelles de cèpes et d'artichauts. Rangez les scampi au centre en forme de dôme et piquez sur ceux-ci les bâtonnets de parmesan.

Une conjugaison de plusieurs saveurs du Sud pour un délice unique !

Ingrédients (pour 4 personnes)

- 12 scampi de 50 g chacun
- 300 g de cèpes bouchon
- 200 g de riz italien arborio
- 4 artichauts violets
- 30 g de truffe noire du Périgord
- 1 carotte
- 1 branche de céleri
- 2 oignons
- 1 gousse d'ail
- 15 cl de vin blanc
- 3 cl de jus de truffe
- 60 g de parmesan en un morceau
- 4 feuilles de basilic
- 1 brin de thym
- beurre, huile d'olive
- sel, poivre du moulin

VIN CONSEILLÉ

Un bon bourgogne rouge, tel un montrachet.

Préparation : 30 minutes | *Repos : aucun* | *Cuisson : 1 heure 50* | *Réalisation : assez facile* | *Coût : assez cher*

Risotto jaune *à l'osso-buco*

›AU MARCHÉ

Demandez à votre boucher de découper des rouelles de jarret de 2,5 cm d'épaisseur. Sélectionnez un riz arborio, roi des risotti cultivé dans la vallée du Pô.

›VARIANTES

Pour un plat complet à la végétarienne, remplacez l'osso-buco par une poêlée de champignons tels que girolles, trompettes de la mort ou cèpes, saisis dans un peu de beurre ou d'huile d'olive et éventuellement parfumés d'un peu d'ail et de persil plat hachés.

1 Farinez les rouelles de veau. Dans une sauteuse, faites chauffer 3 cuillerées à soupe d'huile d'olive. Faites dorer le jarret de veau pendant 10 minutes, puis mouillez avec 12 cl de vin blanc. Couvrez et laissez mijoter 1h30.

2 Prélevez de fins rubans de zeste de citron et pressez le fruit. Ajoutez les zestes et le jus dans l'osso-buco. Incorporez 2 filets d'anchois et 50 g de beurre. Assaisonnez et poursuivez la cuisson encore 10 minutes.

3 Épluchez et hachez l'oignon. Faites-le revenir dans 3 cuillerées d'huile d'olive puis versez 200 g de riz. Faites dorer 2 minutes puis mouillez progressivement, au fur et à mesure de son absorption, avec 75 cl de bouillon de volaille, pendant 16 minutes environ.

4 Saupoudrez le risotto de 3 g de safran, salez, poivrez et laissez mijoter 2 minutes. Incorporez 125 g de parmesan râpé et 90 g de beurre. Mélangez à la cuillère en bois.

5 Juste avant de servir, hachez les feuilles d'une petite botte de persil. Ajoutez-les dans l'osso-buco. Dressez la viande sur le risotto et servez dans le plat de cuisson.

Le fameux risotto lombard et ses puissants parfums de safran.

› **Ingrédients** (pour 4 personnes)

- 4 rouelles de jarret de veau
- 200 g de riz
- 1 petit oignon
- 125 g de parmesan râpé
- 140 g de beurre
- 100 g de farine
- 75 cl de bouillon de volaille
- 12 cl de vin blanc
- 1 citron non traité
- 2 filets d'anchois
- 1 petite botte de persil
- 6 cuillères à soupe d'huile d'olive
- 3 g de safran
- sel, poivre

›VIN CONSEILLÉ

Servez un vin rosé italien ou un vin blanc de Provence servis bien frais.

Préparation : 20 minutes | *Trempage : 1 heure* | *Cuisson : 25 minutes* | *Réalisation : assez facile* | *Coût : assez cher*

Risotto safrané
sur crème de potiron

›CONSEIL

Attention, l'eau de trempage des cèpes contiendra, au fond du saladier, un peu de terre. Pour ne pas l'introduire dans votre plat, prélevez le jus en surface avec une petite louche. De même, sortez les cèpes avec une écumoire avant de les rincer rapidement, plutôt que de les transvaser dans une passoire en versant dessus leur jus sableux !

›POUR L'ACCOMPAGNER

Servez ce risotto en entrée ou en accompagnement d'une volaille, d'une belle pièce de veau ou d'un lapin rôti.

1 Déposez les cèpes dans un petit saladier et couvrez-les d'eau chaude. Laissez-les se réhydrater pendant environ 1 heure.

2 Épluchez le potiron et coupez-le en petits cubes. Pelez et coupez en quartiers 1 oignon. Mettez l'ensemble dans une casserole avec 15 cl d'eau et faites cuire à couvert environ 15 minutes. Passez au moulin à légumes et salez légèrement.

3 Pelez et hachez 1 oignon. Délayez 1/2 cube de bouillon de légumes dans 60 cl d'eau. Dans une casserole, faites chauffer à feu moyen 2 cuillerées à soupe d'huile d'olive. Faites revenir l'oignon en remuant, puis ajoutez le riz et continuez de remuer à la spatule en bois.

4 Lorsque le riz est translucide, mouillez-le avec 10 cl de vin blanc. Maintenez un feu assez doux. Lorsque le riz a absorbé tout le vin, versez, en plusieurs fois au fur et à mesure de son absorption, le bouillon sur le vin.

5 Ciselez le persil. Prélevez 10 cl du jus de trempage des cèpes et réservez. Égouttez soigneusement les cèpes et faites-les revenir à la poêle dans 2 cuillerées à soupe d'huile d'olive avec la gousse d'ail pelée entière et une bonne moitié du persil haché.

6 Râpez 50 g de parmesan. Diluez 2 doses de safran dans l'eau de trempage des cèpes réservée. En fin de cuisson, ajoutez les cèpes au risotto et mouillez avec le bouillon au safran. Laissez cuire encore 1 ou 2 minutes et stoppez la cuisson.

7 Hors du feu, ajoutez le parmesan râpé au risotto. Mélangez avec délicatesse et dressez les assiettes en disposant du risotto au centre. Entourez de crème de potiron et décorez avec le persil haché restant.

Empruntez à l'Italie cette recette raffinée pour une entrée étonnante...

› Ingrédients
(pour 4 personnes)

- ✓ 300 g de riz rond (arborio)
- ✓ 400 g de potiron
- ✓ 200 g de cèpes séchés
- ✓ 2 oignons
- ✓ 10 cl de vin blanc sec
- ✓ 2 doses de safran
- ✓ 1 gousse d'ail
- ✓ 50 g de parmesan frais râpé
- ✓ 1 botte de persil plat
- ✓ 1/2 cube de bouillon de légumes
- ✓ 4 cuillères à soupe d'huile d'olive
- ✓ sel, poivre

›VIN CONSEILLÉ

Servez un vin rouge italien (barolo) ou un blanc de Provence.

Index